Hüttenzauber

Gestickt, genäht und einfach schön

Sommerzeit

Kranz „Willkommen", Seite 6

Patchworkläufer „Gamsbock", Seite 9

Patchworkherz „Brotzeit", Seite 10

Glasmanschetten „Lustige Gesellen", Seite 12

Halstuch „Spatzl", Seite 14

Tasche „I mog di", Seite 16

Kranz „Rosenpracht", Seite 18

Fensterband „Schöne Aussichten", Seite 20

Herzkränzchen, Seite 22

Suppenkelle „Bäckers Liebchen", Seite 23

Rucksack „Gamsbock", Seite 24

Herzduo „Edelweiß", Seite 26

Brosche „Edelweiß", Seite 26

Herzkette „Enzian", Seite 28

Wandbehang „Maibaum", Seite 30

Kissen „Ma chèrie", Seite 32

Windlicht „Erdbeerherz", Seite 33

Kräuterkränzchen, Seite 34

Herzige Schmuckkollektion, Seite 35

Gürteltasche „Kuhtäschchen", Seite 36

Geschenke „Liebevoll verpackt", Seite 38

Kette „Herzklopfen", Seite 40

Patchwork-Decke „Hirschen im Rosenherz", Seite 42

Patchwork-Kissen, Seite 45

Zwölfender-Kuchen, Seite 45

Handytasche, Seite 46

Schlüsselanhänger, Seite 46

Kropfband „Herzen", Seite 47

Pracht-Rosenherz, Seite 49

Tasche „Für Dich", Seite 50

Shirt „Mädchenträume", Seite 52

Tasche „Spatzl," Seite 53

Ansteckaccessoire „Ziege", Seite 54

Ansteckaccessoire „Schwein", Seite 55

Teller „Rosenzauber", Seite 56

Minigugelhupf, Seite 57

Wandbehang „I mog di", Seite 58

Suppenkelle „Schutzengel", Seite 60

Gardine „Sommerhirsche", Seite 61

Tasche „Almabtrieb", Seite 62

Rosencollier, Seite 64

Ansteckaccessoire „Rehkitz", Seite 65

Kissen „Almabtrieb", Seite 66

Bilder Kuhköpfe, Seite 67

Sommerdecke „Rosenhirsch", Seite 69

Wandbehang „Rosenhirsch", Seite 71

Kropfband „Rosenhirsch", Seite 72

Halstuch „Rosenhirsch", Seite 73

Bild „Rosenhirsch", Seite 74

Kuckucksuhr, Seite 75

Halstuch „Pilze", Seite 76

T-Shirt „Pilzherz", Seite 76

Hocker „Pilzherz", Seite 77

Girlande "Glückspilze", Seite 78

Gans mit Herz, Seite 79

Pilzläufer, Seite 80

Windlichter „Waldbewohner", Seite 81

Glückspilz-Gugelhupf, Seite 83

Buchhülle „Pilze", Seite 84

Herzkette „Pilzherz", Seite 85

Winterzeit

Winterkranz „Willkommen", Seite 88
Geschenke am Hirschgeweih, Seite 90
Gardine „Lebkuchenkinder", Seite 92
Weihnachtsdecke, Seite 95
Adventskranz, Seite 97
Stuhlgirlande, Seite 98
Hirsch-Wandbehang, Seite 100
Windlicht im Astkranz, Seite 104
Brosche „Hirsch", Seite 106
Winteraccessoires, Seite 106
Kranz „Hüttenzauber", Seite 109
Weihnachtliche Windlichter, Seite 110
Bild „Weihnachtshirsch", Seite 112
Bilder „Kleine Hirsche" Seite 112
Weihnachtskissen „Hirsche", Seite 114
Gardine „Weihnachtshirsche", Seite 115
Kissendecke, Seite 116
Kleiner Tannenbaum, Seite 118
Plätzchen-Gläser, Seite 119
Berner Nusstäschchen, Seite 120

Bethmännchen mit Marzipan, Seite 121
Rote Mandelherzen, Seite 122
Weihnachtssocken, Seite 123
Weihnachtlicher Tischläufer, Seite 124
Herzkuchen „Frohes Fest", Seite 125
Pilzherzchen, Seite 126
Kranz „Frohe Weihnacht", Seite 128
Winterpuschen, Seite 130
Herz „Frohe Weihnachten", Seite 132
Päckchen zur Weihnachtszeit, Seite 134
Weihnachtsbaum, Seite 136
Grundanleitungen, Seiten 138-144
Stickmuster, Seiten 145-183
Einzelanleitungen, Seiten 184-214
Schablonen, Seiten 215-216
Materialindex, Seiten 217-219

Impressum, Seite 214
Danke, Seite 224

Hüttenzauber für Groß & Klein!

Hüttenzauber

Eine Hütte in den Bergen: Sie ist das Sinnbild der Gemütlichkeit. Die angenehme Abgeschiedenheit, die unberührte Natur und die ungewohnte Stille lassen uns den Alltag vergessen. Wir nehmen uns Zeit für die Familie und uns selbst.

Diesen Hüttenzauber wollen wir mit unserer Kollektion einfangen. Holen Sie sich die Romantik der Bergwelt einfach nach Hause. Unsere textilen Gestaltungen, floralen Dekorationen und zauberhaften Accessoires haben wir im nostalgischen Umfeld einer alten Hütte fotografiert. In modernem Ambiente setzen Sie mit unseren Kreationen reizvolle Akzente. Als originelle Einzelstücke bereichern sie jedes Zuhause. Für unseren Hüttenzauber haben wir alte traditionelle Motive aufgegriffen und sie neu interpretiert. Variieren Sie diese nach Lust und Laune: Mit den farbenfrohen Stoffen und verspielten Accessoires lassen sich die gestickten Kunstwerke immer wieder neu kombinieren. Entdecken Sie den Zauber der Berge – in den eigenen vier Wänden.

Wir wünschen Ihnen viel Freude mit unseren Kreationen zu diesem Thema und grüßen Sie herzlich.

Ute Menze und Meike Menze-Stöter

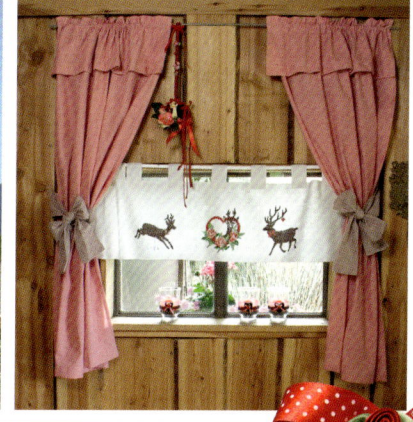

Willkommen

Willkommen

Willkommen in den Bergen. Tauchen Sie mit uns ein in die Flora und Fauna der Gipfelwelt und lassen Sie sich vom Hüttenzauber betören. Die Natur dient uns als Inspirationsquelle für unsere romantisch-verspielte Kollektion.

Mit diesem zarten Türkranz gestalten wir den perfekten Empfang für einen Besuch in unserer gemütlichen Welt. Die Idylle der Berge ist hier eingefangen mit vielen liebevollen Details. Seltene Blumen, zwitschernde Vögel – die geschnitzten Holzfiguren und die gestickten Blüten erinnern an eine glückliche Zeit.

Fröhliche Brotzeit

Die Natur vor der Tür lockt uns immer wieder zu ausgedehnten Wanderungen. Die frische Luft und die Bewegung machen nach einer Weile jeden Wanderer hungrig, und dann muss eine ordentliche Brotzeit her. Auf dem urigen Holztisch ist für das Picknick im Freien eingedeckt. In dieser Umgebung munden das selbst gebackene Brot, der würzige Käse und die deftige Wurst wie ein Festmahl. Das lockt auch hartnäckigste Stubenhocker ins Freie. Ungezwungen ist die Atmosphäre am Tisch. Einer bricht das Brot in Stücke und reicht es herum. Mit dem Taschenmesser schneidet ein anderer Wurst und Käse in Scheiben. Jeder darf sich mit den Fingern bedienen, Teller und Besteck sind bei dieser zünftigen Mahlzeit nicht gefragt. Vor allem den Kindern schmeckt es so doppelt gut.

Für die Brotzeit ist der Tisch liebevoll gedeckt. Passend zum rustikalen Ambiente dienen dicke Holzscheiben als Untersetzer für die zahlreichen Köstlichkeiten: Schinken, Salami, Käse, Tomaten und Rettichscheiben sind auf ihnen angerichtet. Statt einer Tischdecke liegt ein Patchwork-Läufer auf dem Holztisch. Das wirkt schön natürlich. Die weiß-blau karierten Stoffe passen zur rustikalen Stimmung, ebenso der feingestickte Gamsbock hat sich mit einer blauen Schleife schick gemacht.

10

Brotzeitherz

Am Henkel des Brotkorbs hängt dieses selbst gestaltete Dekoherz. Ein origineller Hinweis darauf, was für eine Mahlzeit hier gerade eingenommen wird. Viele charmante Details bestimmen den Wand- und Fensterschmuck, der durch seine unterschiedlichen Materialien und Handarbeitstechniken immer wieder aufs Neue bezaubert. Das rustikalere Leinen wechselt sich mit blau- und braunweiß karierten Stoffen ab, fein säuberlich sind kleine bayerische Motive in die Zwischenräume gestickt. Weiße Schnitzknöpfe, schwarzes Pompon-Band und feine Metallanhänger ergänzen das Ensemble.

Lustige Gesellen

Ein kühles Bier für die Erwachsenen, köstliche Limo für die Kinder. Wem hier welches Getränk gehört? Die selbstgemachten Glasmanschetten zeigen es an. Ob kariert oder gepunktet, braun, rot, blau oder rosa – jeder Gast hat seine ganz eigene Kombination. Und die kleinen Holzfiguren auf den genähten Stoffrosetten passen auf, dass keiner aus dem falschen Glas nippt. Ob Schweinchen, Igel, Steinpilz oder ein kleiner Fliegenpilz – hier schaut jeder zweimal hin.

Mit Liebe gebacken

Selbst gebacken schmeckt der Hefezopf noch einmal so gut. Schließlich haben wir jeden Schritt seiner Entstehung miterlebt. Erst wird der Teig in der Küche geknetet, dann warten wir, während er im Ofen goldbraun backt. Und wenn schließlich das erste Stück angeschnitten wird, duftet es so köstlich, dass jeder sofort eine zweite Scheibe möchte.

Zutaten:
500 g Mehl • 20 g Hefe • 1/8 l Milch • 65 g Zucker • 2 Eier • 1 Eiweiß 1 Prise Salz • 1 Pck. Vanillezucker • 80 g Butter • 1 Eigelb zum Bestreichen • Mohn, Mandeln oder Nüsse

Mehl in eine weite Schüssel geben, eine kleine Vertiefung bilden und die Hefe hinein bröckeln. Die warme Milch dazugeben und etwas von dem Zucker darüber streuen. Abgedeckt in einem warmen Raum gehen lassen. Wenn die Hefemasse sich verdoppelt hat und Blasen bildet, die übrigen Zutaten hinzugeben. Dazu verteilt man Eier, Butter, Zucker, Vanillezucker und Salz an den Rand der Schüssel und knetet von dort aus in die Hefemasse. Abgedeckt nochmal gehen lassen.

Dann den Teig gut durchkneten und auf die bemehltes Arbeitsplatte schlagen, bis er Zungen wirft, dadurch wird er leicht und locker. Man teilt ihn in 3 Teile, formt Rollen und flechtet sie zu einem Zopf. Diesen auf ein gefettetes Backblech legen und mit dem Eigelb bestreichen. Wahlweise gehobelte Mandeln, gehackte Nüsse oder Mohn darüberstreuen. Nochmal im warmen Raum ca. 15 Minuten gehen lassen. Backofen auf 200° vorheizen und den Zopf auf der untersten Schiene 25-30 Minuten backen. Zum Auskühlen auf ein Gitter legen.

Tipp: Hefeteig kann man gut „nebenbei" herstellen, denn die Ruhezeiten sind sehr wichtig und können gerne auch länger sein, als häufig angegeben. Alle Zutaten sollten Raumtemperatur haben.

Spatzl, du bist mein Sonnenschein!

Sonnig gelaunt

Spatzl, Bärchen oder Bambi, für seinen Liebsten oder seine Liebste lassen sich viele Kosenamen finden. Sie sind oft so speziell wie der Partner selbst. Und wenn sie ihren Träger dann auch noch so gut kleiden wie dieses süße Niki-Halstuch, strahlt die ganze Welt vor Glück.

Verziert mit roten Satinröschen, schwarzem Pompon-Band und mit der ganz speziellen Aufschrift aus Plusterfarbe sieht jeder sofort: Dieses Spatzl ist etwas ganz Besonderes.

Traumhaftes Paar

Traumhaftes Paar: Ohne ihr wichtigstes Accessoire geht Frau nicht aus. Sie legt Wert auf Raffinesse und Eleganz, wie sie sich auch in dieser Tasche widerspiegeln. Farblich abgestimmt auf das Dirndl überzeugt sie vor allem durch ihre raffinierten Details. Das Grün erinnert an die Farbe des Waldes, die roten Satinröschen setzen Leuchtpunkte. Im Inneren der Tasche versteckt sich das rot-weiß-karierte Innenleben. Das auf Leinen gestickte Hirschmotiv verleiht der Tasche ländlichen Charme, durch die zart-karierten Stoffe wirkt sie dennoch jung und frisch im Design.

Vor allem zur Jeans ist diese Taschenkreation ein echter Hingucker. Dann flüstert auch Ihnen bald jemand ins Ohr: I mog di.

17

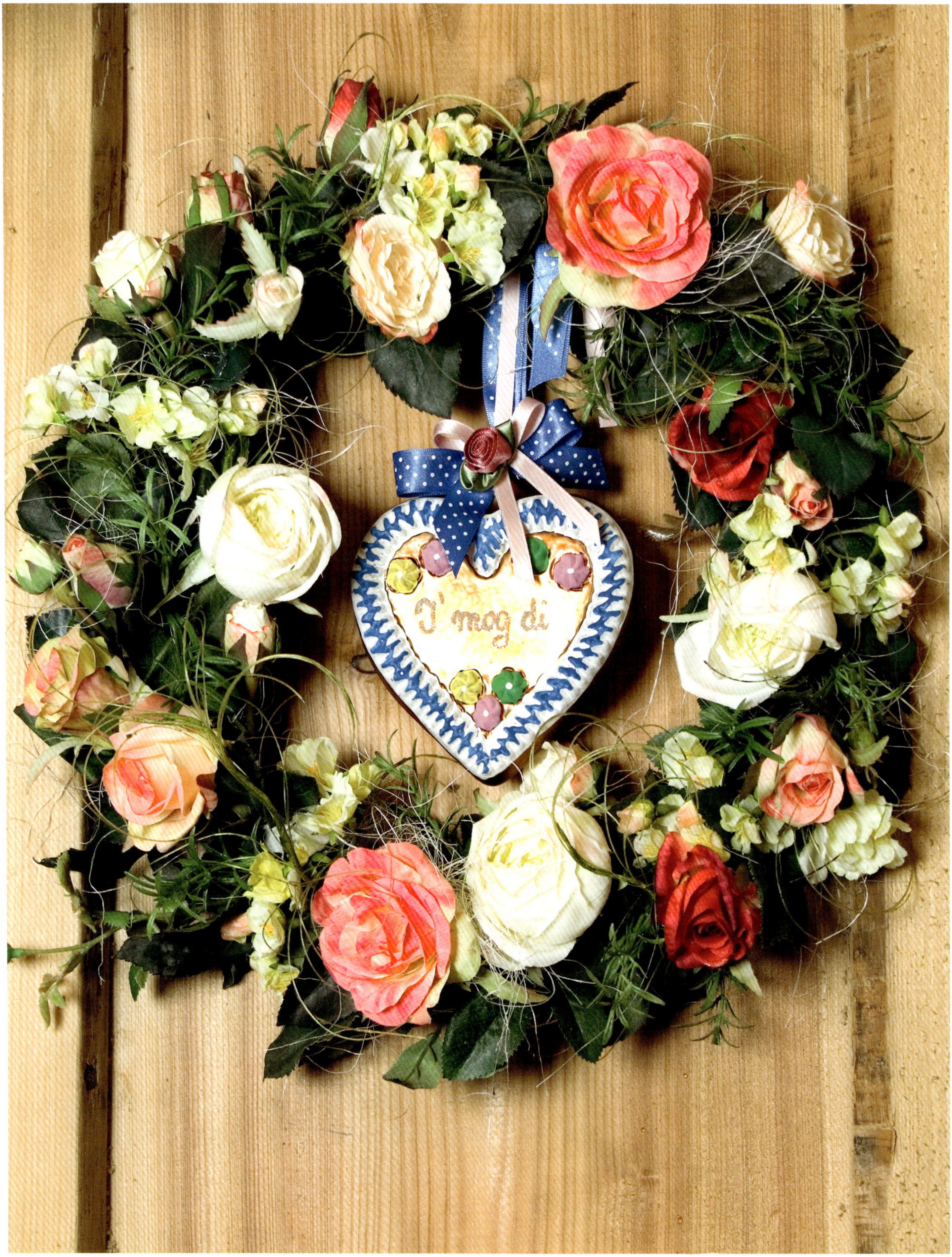
I' mog di

Rosenpracht

Eine süßeres Kompliment gibt es nicht. Es lebe der Klassiker - das Lebkuchenherz! Man kennt es vom Rummelplatz oder vom Oktoberfest: Verziert mit kleinen Sprüchen aus Zuckerguss zeigt es sofort: Einen Menschen hat jemand ganz besonders gern. Diese Stimmung fängt der süße Kranz aus Rosenblüten ein. Die zarten Stoffblüten bilden mit dem handbemalten Herzanhänger aus Glas einen zauberhaften Wand- oder Türschmuck.

Schöne Aussichten

Ganz individuell ist dieser Fensterschmuck, der hervorragend zur gemütlichen Stimmung in der Berghütte passt. Die Hektik bleibt vor der Tür, hier nehmen wir uns Zeit, unser Zuhause liebevoll zu dekorieren. Auf das Leinenband mit den aufgedruckten Sommermädchen sind kleine bayerische Motive gestickt: Filzhut, Maßkrug oder die Radieschen sind detailgenau nachgebildet. Natürlich darf auch die typische Laugenbrezel nicht fehlen. Aus Wollfilz genäht, schmückt das knusprig-braune Gebäck mit den Salzpunkten eine Seite unserer weiß-blau karierten Gardine.

21

Herzig

Für wohlige Wärme sorgt ein Kanonenofen in der Zimmerecke. Ist er nicht mehr in Betrieb, lässt er sich als nostalgisches Deko-Objekt nutzen. Mit einem niedlichen Mini-Kranz verziert, wird das alte Gerät zum Blickfang.

Das rot-weiße Schmuckstück braucht ein wenig Zeit: Auf die Posamentenborte sind rote Satinröschen und weiße Blümchen aufgeklebt, in der Mitte des Kranzes baumelt ein besticktes Herz aus Leinen. Unterschiedlich lange Satinbänder, Schleifen und eine kleine Perlenkette runden das Bild ab.

Bäckers Liebchen

Auch die alte Suppenkelle kommt hier zu neuen Ehren. Spitzenschleifen, Röschen und Bänder geben ihr ein romantisches Aussehen. Der Clou: die nostalgische Glasfigur. Mit passender Haube und Schürze ist die Bäckerin mit den roten Wangen auch in jeder gemütlichen Küche ein gern gesehener Gast.

Der Berg ruft!

So ein stilechter Rucksack macht richtig Lust auf einen Tag im Freien. Hier passen die wichtigsten Kleinigkeiten hinein, die man unterwegs braucht. Ein echter Blickfang ist der aufgestickte Steinbock. In der freien Natur hat man nur selten das Glück, ihn aus der Nähe zu betrachten. Doch dieses Exemplar auf dem selbst genähten Rucksack lässt sich jederzeit gerne bewundern. Und das nicht nur in den Bergen. Die detailreiche Kreation sorgt auch in der Stadt, zur Jeansjacke getragen, für Aufmerksamkeit.

Man weiß nie, wohin die Füße einen tragen...

Das Edelweiß

Für viele ist es die Alpenblume schlechthin. Als Wahrzeichen der Berge wurde es berühmt, gilt als Symbol für Freiheit und Ausdauer. Auch bei Königen und Kaisern war die edle Blume beliebt: So zeigt ein berühmtes Bild Kaiserin Sissi mit Edelweiß-Schmuck im Haar. Das Edelweiß wächst nur an sehr felsigen und gefährlichen Stellen. Es zu pflücken, galt früher als besonderer Liebesbeweis. Für dieses Leinenherz allerdings muss sich niemand in Gefahr begeben.

27

Blau, blau blau blüht der Enzian...

Ein Herz für Enzian

In intensivem Blau leuchtet der Enzian nicht nur auf den Bergwiesen. Jetzt kommt der zarte Gipfelstürmer auch auf Hausbesuch. Auf dieser Herzkette wächst die wilde Alpenblume direkt vor unseren Augen, die Farbwahl von Stoff und Schleife ist passend dazu abgestimmt. Die sommerlich-frische Dekoration erinnert sofort wieder an die wunderschönen Ausblicke, die wir in den Bergen genießen durften.

30

Weiß-Blaues Glück

Mit diesem Wandbehang zieht weiß-blau eingefärbte Lebensfreude ein. Der bunt-geschmückte Maibaum gehört in Bayern zu den liebgewonnenen Traditionen. Viel Zeit und Mühe verwenden die Dorfbewohner auf das Schmücken der Stämme – kein Maibaum gleicht dem anderen.

Auch unser Exemplar ist mit viel Liebe entstanden. Auf den selbstgenähten Behang wurde der Maibaum gestickt, typisch bayerische Motive schmücken die Querleisten. Passend dazu ist auch der Schmuckbügel verziert. Kleine Anhänger lassen ihn verspielt wirken, die weiß-blauen Satinbänder greifen die Farbe des Behanges auf.

Zum Ankuscheln

Beim Anblick dieses Kissens geht jedem das Herz auf, und die Holzbank wird gleich bequemer. Zärtliche Koseworte stehen im Mittelpunkt der zauberhaften Dekoration.

„Ma cherie", mein Schatz, ist in feiner Schreibschrift in das Herz gestickt, kleine rosafarbene Herzen und zarte pastellfarbene Blüten ergänzen das Design. Auf dem weißen Hintergrund kommt die Stickerei besonders gut zur Geltung. Der Kontrast zur schwarzen Kissenhülle lenkt die Blicke geradewegs auf die süße Liebeserklärung.

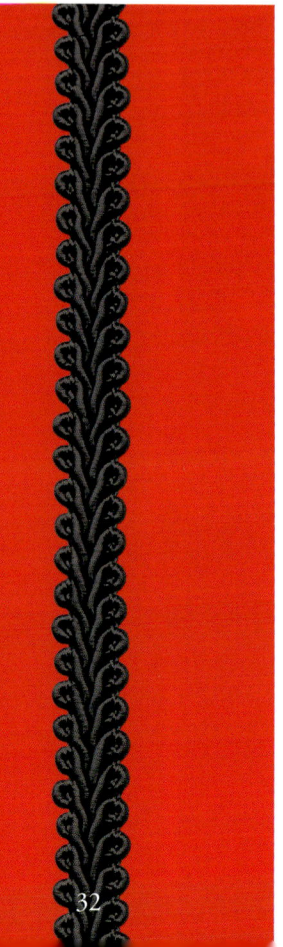

Feines Erdbeerherz

Eine leuchtend-rote Erdbeere ist der Hingucker bei dieser süßen Deko-Idee. Ein Leinenherz ist in Petit-Point-Technik mit der aromatischen Köstlichkeit bestickt und setzt am verzierten Windlicht aus Glas einen originellen Akzent.

Die übrige Dekoration hat sich farblich an den roten Hauptdarsteller angepasst. Das Glas ist mit verschiedenfarbigen Bändern aus Satin, Filz und Spitze umwickelt, die auf der Vorderseite in zarten Schleifen enden. Kleine Satinröschen wurden auf ein rotes Filzband aufgenäht, an ihnen baumeln winzige Schmuckanhänger. Sie lockern das Arrangement zusätzlich auf. Der Schein einer Kugelkerze taucht unser kleines Kunstwerk in warmes Licht.

Kräuterkränzchen

Bei diesem originellen Kranz zieht ein winziges Radieschen alle Blicke auf sich. In Petit-Point-Technik wurde es auf ein Leinenherz gestickt und gibt nun als Mittelpunkt eines fein gewundenen grünen Kräuterkranzes eine gute Figur ab.

Naturgetreu sind Minze, Rosmarin und Thymian nachgebildet. Zierliche Glasanhänger in Radieschenform ergänzen das Ensemble mit ländlichem Charme, das auch in jeder modernen Küche einen gemütlichen Kontrapunkt setzen kann.

Herzchen

Mit viel Liebe zum Detail wurde diese ungewöhnliche Schmuckkollektion gestaltet, die jedes Outfit in Sekundenschnelle aufpeppt. Ohrringe, Brosche und Ring ergänzen sich perfekt, sind aber auch einzeln getragen ein echtes Highlight.

Ein kleines, rotes Herz bildet den Mittelpunkt des Designs, umrahmt von roten Swarowski-Perlen. Eine winzige Schleife aus rot-weiß kariertem Bändchen, eine kleine Edelweiß-Blüte oder eine rote Glasperle – liebevolle Details beglücken die Trägerin. Diese Schmuckstücke trägt jeder von Herzen gern.

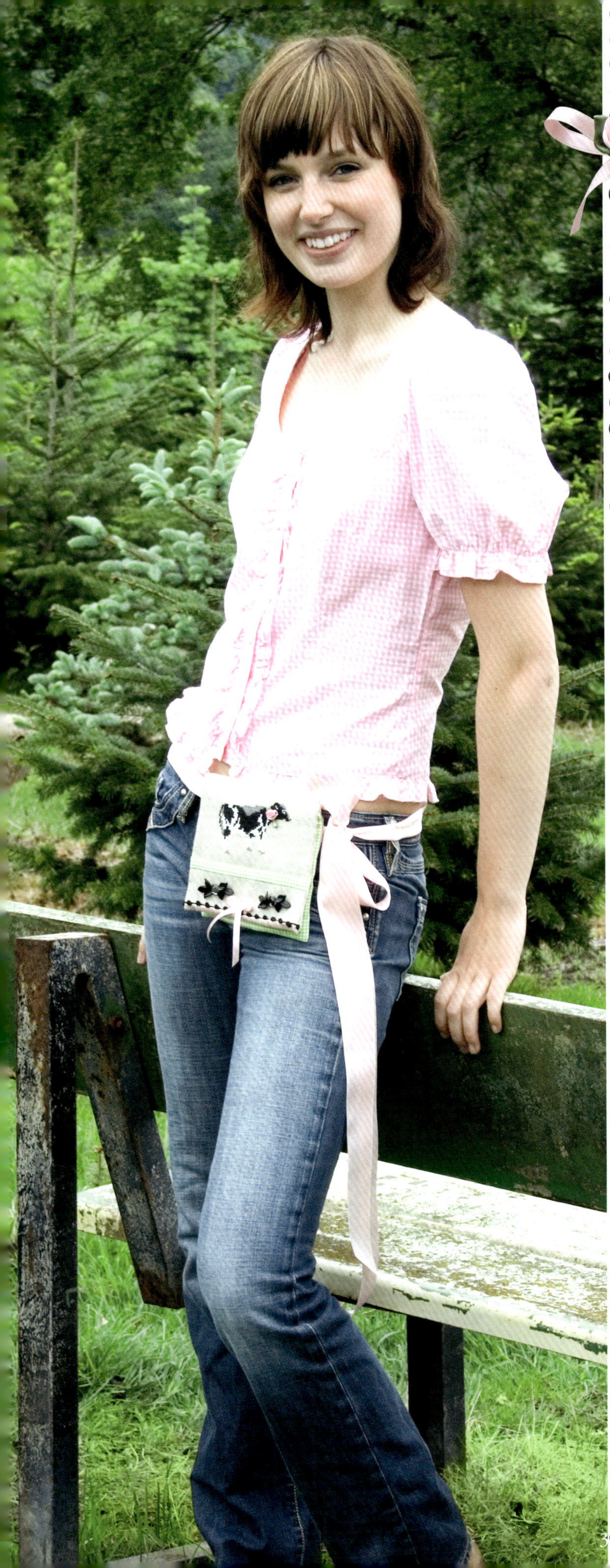

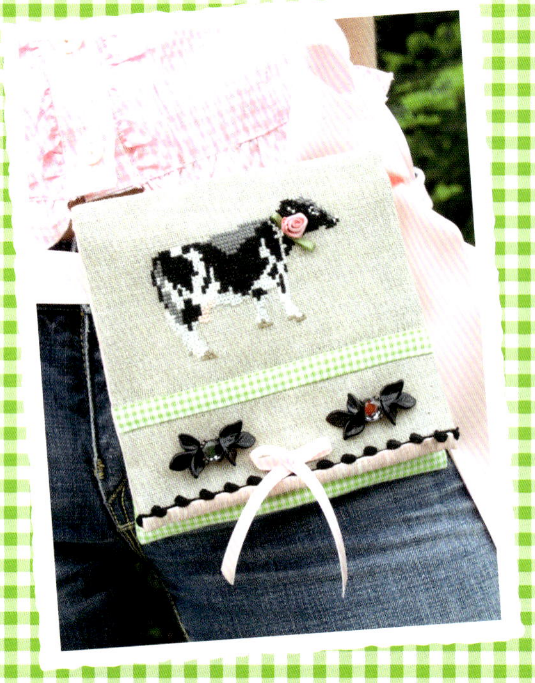

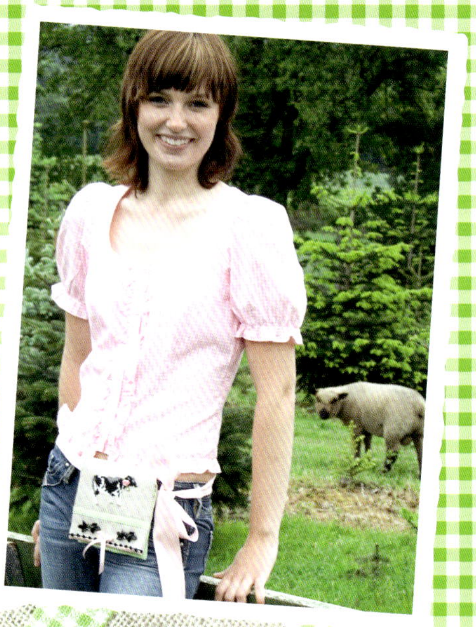

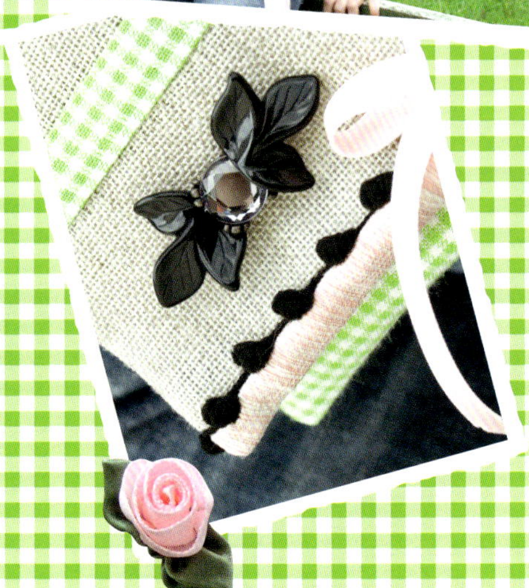

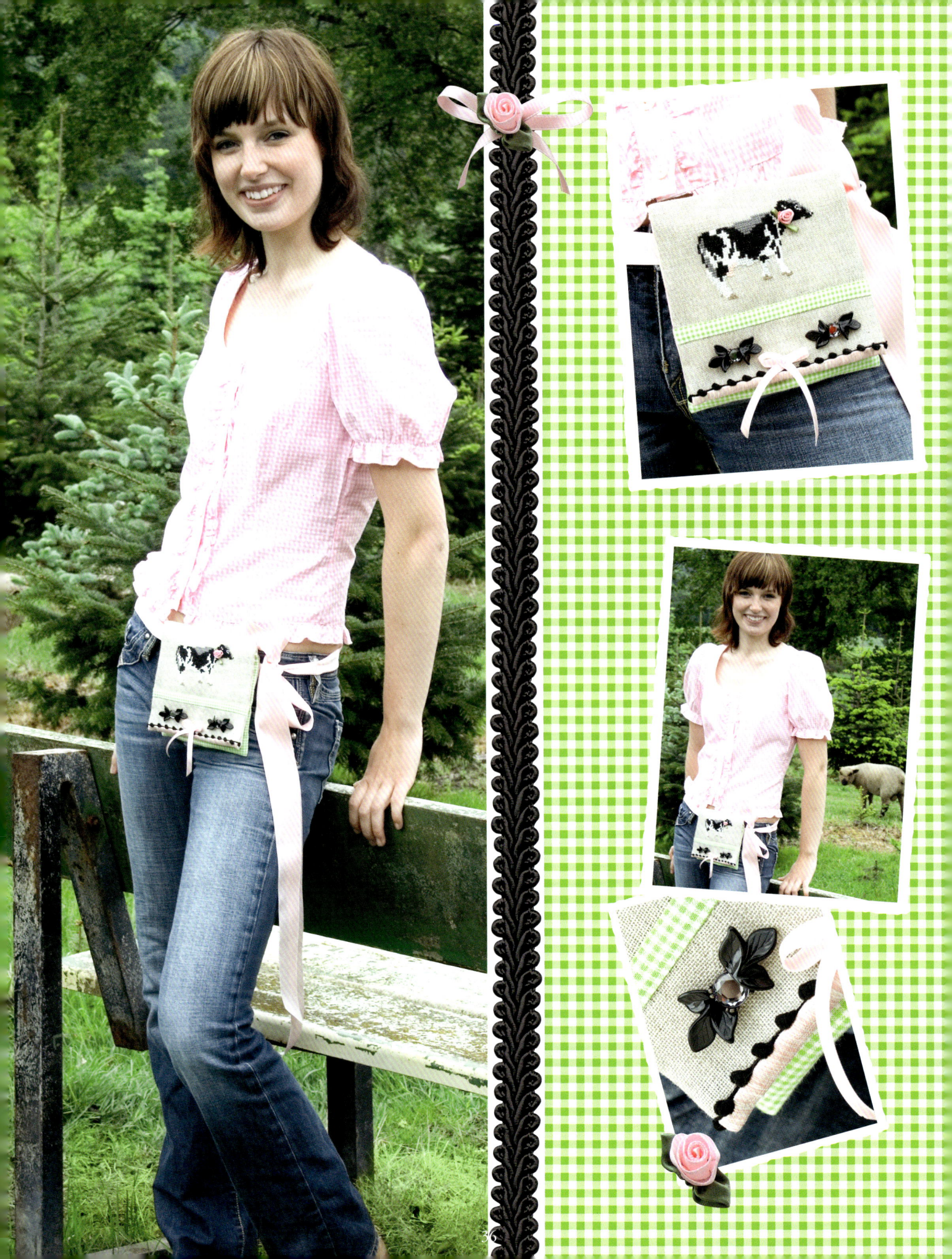

Kuhtäschchen

Die zauberhafte Gürteltasche avanciert bestimmt schnell zum absoluten Lieblingsstück. Wieder wurde bei Gestaltung dieses Accessoires auf ausgefallene Einzelheiten besonderen Wert gelegt.
Die süße Kuh, im Kreuzstich gestickt, bleibt nicht lang allein. Ein zartes Satinröschen schmückt den Hals des schwarz-weiß-gefleckten Tieres, die karierte Borte, das Pompon-Band und die glitzernden Steine geben der Kreation ein romantisches Feeling. Mit einem rosafarbenen Satinband wird sie lässig um die Taille geknotet oder auch durch die Hosenschlaufen gezogen wie ein Gürtel verwendet

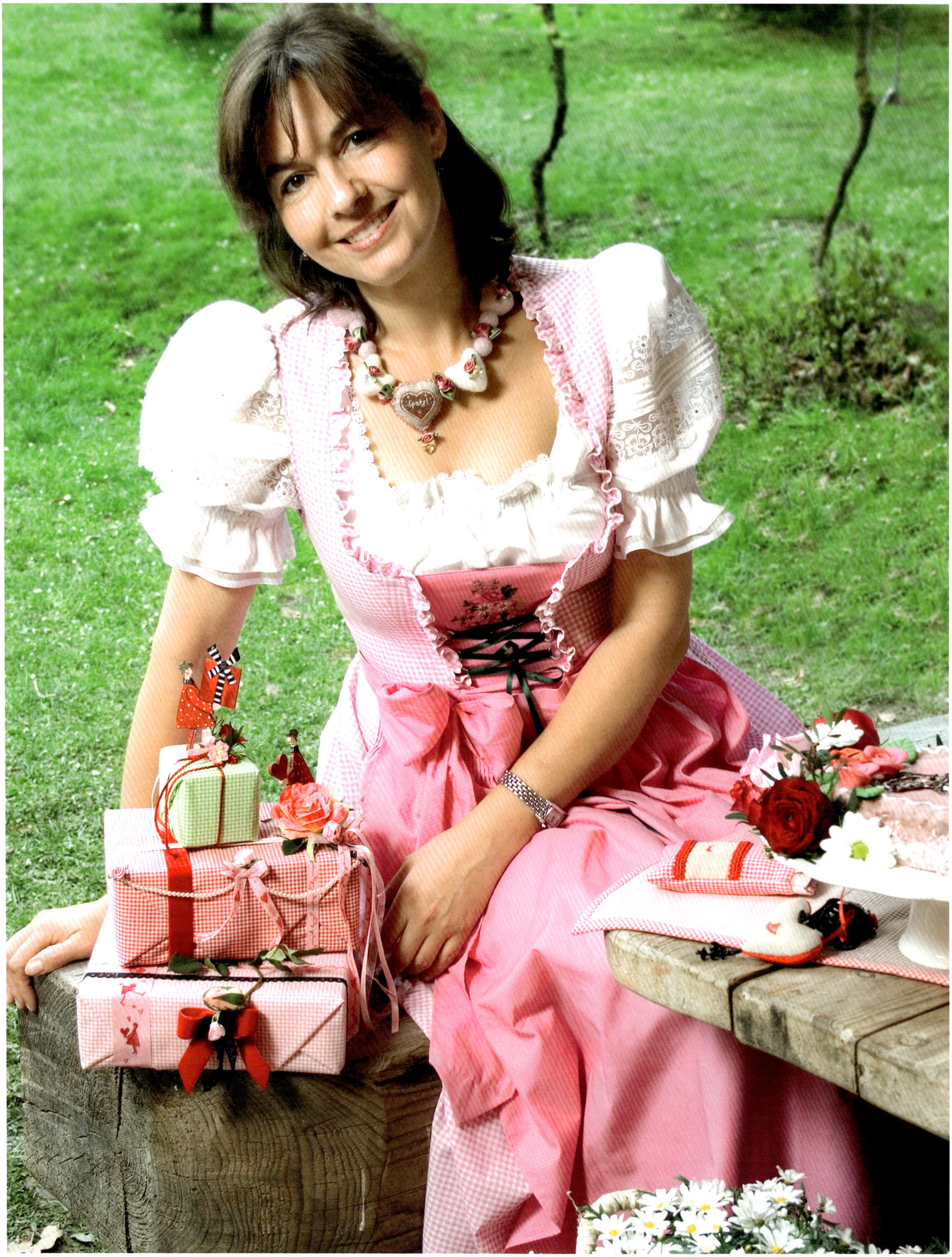

Liebevoll verpackt

Gibt es ein größeres Geschenk als anderen eine Freude zu machen? Schon beim Aussuchen der Gaben nehmen wir uns Zeit und machen uns viele Gedanken. Was könnte dem anderen wohl gefallen? Und wie sehr wir uns dann freuen, wenn unsere Wahl die Augen des Beschenkten strahlen lässt.
Die Freude ist umso größer, wenn die Geschenke so liebevoll verpackt sind, wie hier. Eingeschlagen in karierte Stoffe, ist jedes Paket mit zahlreichen Details verziert. Bunte Schmuckbänder mit kleinen Mädchen oder romantischen Motiven, eine zarte Perlenkette, Satinröschen, echte Knospen oder Blumen aus Stoff erfreuen schon beim Auspacken.

40

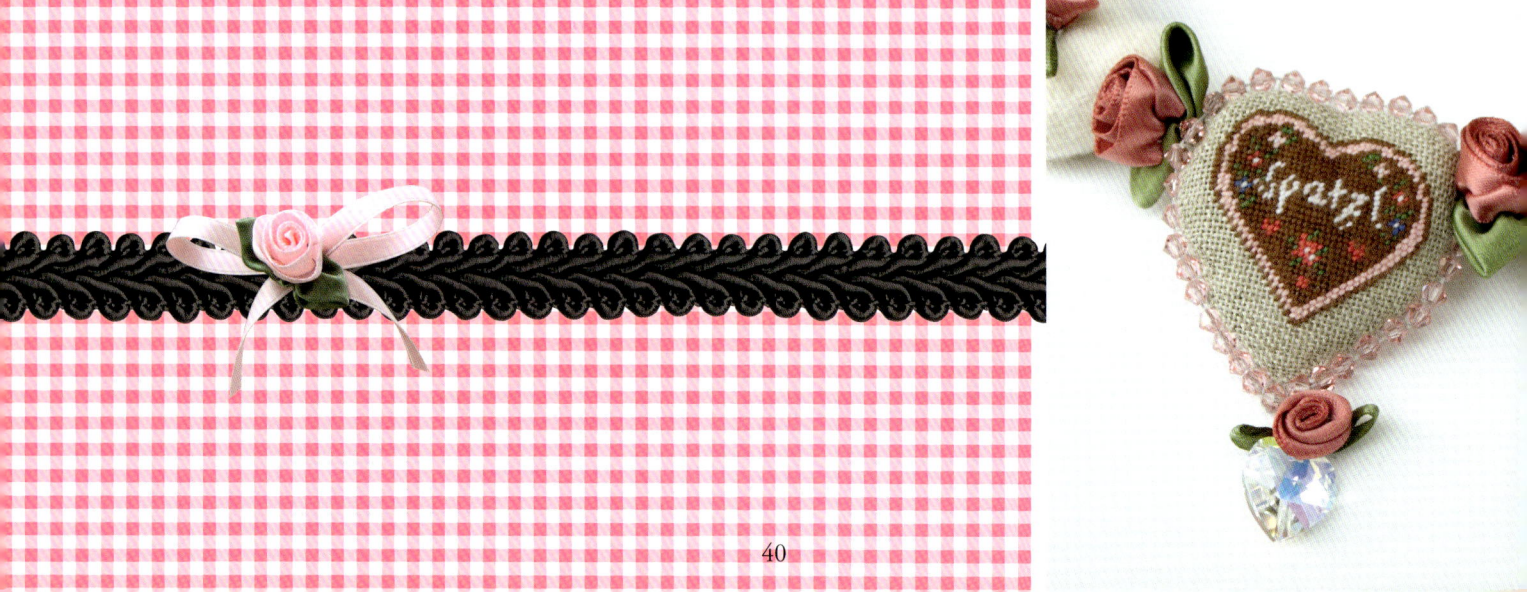

Herzklopfen

Mit dieser kunstvollen Kette sind Ihnen bewundernde Blicke sicher. Das aufwändig gestaltete Schmuckstück ergänzt das romantische Dirndl perfekt. Und zu eher schlichten, klassischen Outfits kommt es noch besser zur Geltung.

Für das allerliebste Schmuckstück sind weiße und rosafarbene Filzherzen abwechselnd mit kleinen Filzbällen aufgezogen. Satinröschen unterbrechen das Ensemble und bilden einen auffälligen Kontrast zur wollenen Oberfläche der Filzelemente. Glanzpunkte setzen glitzernde Swarowskiherzen, die in allen Farben des Regenbogens funkeln. Ein absoluter Hingucker ist jedoch das kunstvoll gestickte Lebkuchenherz.

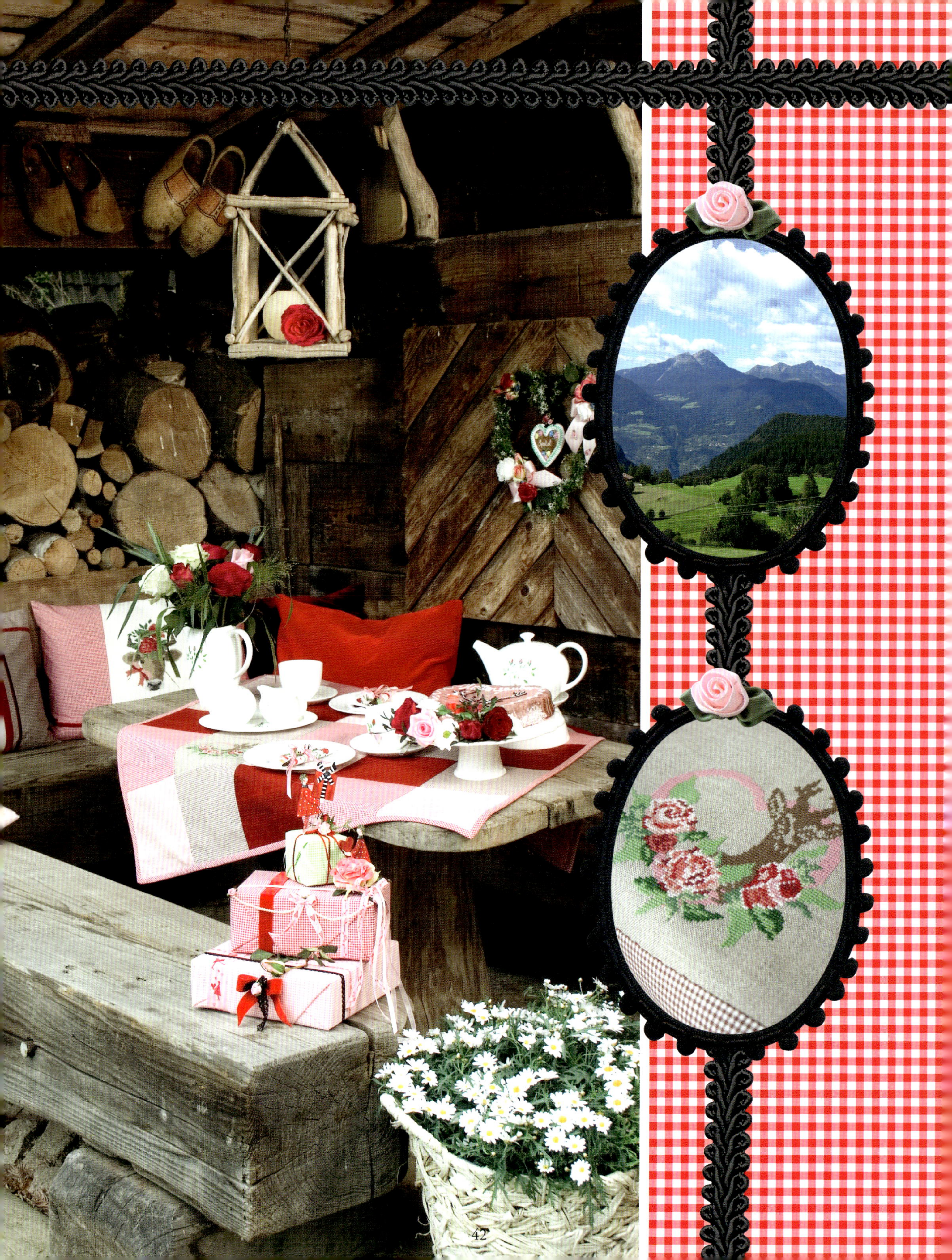

Hirschen im Rosenherz

So lässt sich jeder Hirsch gerne einfangen: Umrahmt von einem Herz, inmitten üppiger Rosenblüten, schmücken die Stickereien die kleine Patchwork-Decke, in Rot- und Rosatönen, unsere Sommerkaffeetafel. Auf dem rustikalen Holztisch ersetzt sie stilvoll die klassische Tischdecke. Zuhause wirkt sie in Kombination mit modernem Mobiliar besonders schön.

Gleich zweimal ist das Hirschmotiv im Kreuzstich auf Leinen gestickt. Für diese fröhliche Decke wurden verschiedene Stoffquadrate aus unterschiedlichen Materialien und Mustern zusammengenäht. Ihre Farben wiederholen sich auch in den Kissen, dem feinen Porzellan und den frischen Blumen. Es ist die Liebe zum Detail, die auch kleinen Dingen eine große Ausstrahlung verleiht. Hier haben wir die gesamte Dekoration der Kaffeetafel auf die schönste aller Blumen abgestimmt: die Rose.

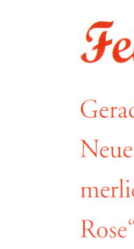

Feines Porzellan

Gerade alltägliche Gebrauchsgegenstände können uns durch ihre Schönheit immer wieder aufs Neue beglücken. Hier ist es das feine Porzellan mit den Rosen-Motiven, das passend zur sommerlichen Kaffeetafel eingedeckt wurde. Zarte Rosenknospen zieren die edle Geschirrserie „Lovely Rose". Unsere Gäste entdecken verspielte Details rund um die liebliche Rose. Auch die übrige Tischdekoration hat sich dem Motiv angepasst. Ein dicker Strauß aus frischen Rosenblüten steht auf dem Tisch – einen Krug haben wir kurzerhand zur Vase umfunktioniert. Selbst die Servietten an jedem Platz sind auf das Design abgestimmt.

Unsere komplette Porzellanserie „Lovely Rose" finden Sie im Internet unter: www.acufactum.de

Zwölfender-Kuchen

Viel zu schade zum Anschneiden ist dieses köstliche Kunstwerk, das wir mit Zuckerguss zauberhaft verziert haben. Ein stattlicher Hirschkopf schmückt den Rührkuchen, feine Marzipanrosen sind als zusätzliche Verzierung angebracht. Und auch ein paar echte Blüten dürfen bei der Dekoration nicht fehlen. Das Patchworkkissen ist aus den gleichen Stoffen wie die Decke genäht und lädt zum gemütlichen Sitzen ein.

Zutaten:
200 g fein gemahlene Mandeln • 6 Eier • 1 unbehandelte Zitrone • 200 g Rohrzucker • 1 EL Zucker Butter und Semmelbrösel für die Backform Rosa Zuckerguss • Zuckerschrift • Marzipanrosen

Fünf Eier trennen und die Schale der Zitrone abreiben. Den Rohrzucker, die abgeriebene Zitronenschale, 5 Eigelb, sowie das ganze Ei in eine Schüssel geben und 5 Minuten verrühren. Anschließend die Mandeln unterrühren.

Aus dem Eiweiß Eischnee schlagen und einen Löffel Zucker zugeben. Den Eischnee in die Teigmasse unterheben. Alles in die gefettete und mit Bröseln ausgestreute Herzbackform geben und bei 175° Grad ca. 40 Minuten backen. Nach dem Abkühlen den Kuchen aus der Form geben.
Mit rosa Zuckerguß überziehen und anschließend mit Zuckerschrift und Marzipanrosen verzieren.

Feine Accessoires

Das Handy steckt in einem zuckersüßen Stofftäschchen, der Autoschlüssel hängt am handgefertigten Schlüsselanhänger.

Die romantische Handyhülle besticht durch die unterschiedliche Materialwahl. Der rot-weiß-karierte Stoff ist mit Posamentenborte und einem Satinröschen verziert. Auf ein Stück Leinen wurde ein winziges Täschchen gestickt. Rosafarbene Wildseide, behutsam in Falten gelegt, schmückt den Rand der Hülle.

Viele Details stecken auch in dem mehrteiligen Schlüsselanhänger. Rote und schwarze Elemente ergänzen sich zu einem echten Blickfang. Das Leinenherz ist mit rotem Samt hinterlegt, ein Trachtenhut ist in Petit-Point-Technik aufgestickt. Schwarze Perlen baumeln an diesem Herz, das mit einem schwarzen Samtband am Schlüsselring hängt. Auffällige Details auch hier: Als Verzierung haben wir kleine Röschen und einen schwarzen Schnitzknopf mit Hirschmotiv gewählt.

Herz-Kropfbanderl

Ein reich verziertes Kropfband darf an keiner der Trachten aus den Bergen fehlen.

Das breite Satinband wird eng am Hals anliegend getragen. Früher hatte das einen ernsten Hintergrund: Durch Jodmangel war die Schildrüse oft vergrößert, das Band verdeckte den so genannten Kropf.

Heute hat der zauberhafte Halsschmuck nur noch einen Zweck: Das Auge des Betrachters zu erfreuen. Auf ein rotes Seidenband wurden eng anliegend schwarze Chiffonrosen genäht. Die roten Herzanhänger greifen die Farbe des Bandes auf, als glitzernde Hingucker sind kleine Swarovskiherzen eingearbeitet. So schmückt dieses kostbare Stück jeden Hals perfekt und überzeugt auch zu Jeans und T-Shirt als charmanter Kontrast.

Pracht-Rosenherz

So zuckersüß wie ein Jahrmarkt-Herz schmückt dieses üppig bestückte Rosenherz Türen und Wände. Als Grundlage dient der in Herzform gewundene Kranz aus zarten, grünen Ranken. Verschieden farbige Stoffrosen sind an unterschiedlichen Stellen arrangiert. Dicke Schleifen aus rosafarbenem Satinband ergänzen den Blumenschmuck, kleine Satinröschen lockern das Ensemble zusätzlich auf. Der detailreich verzierte Herzanhänger mit dem Spatzl-Schriftzug ist zum Anknabbern süß; doch hier dürfen nur die Augen naschen!

49

Für Dich, für mich...

So geht man modisch shoppen: Diese Patchwork-Tasche ist ein romantisches Einzelstück. Verschiedene Stoffe und Materialien sind gelungen zu einem Blickfang kombiniert.

Während der rot-weiß-karierte Baumwollstoff eher ländlich erscheint, geben die rosafarbene Wildseide und das geraffte Satinband der Tasche einen edlen Touch. Das bezaubernde Lebkuchenherz, das im Kreuzstich auf das Leinen gestickt wurde, zieht als Hingucker sofort alle Blicke auf sich.

So macht Einkaufen Spaß!

51

Fesche Mädels unter sich...

Mädchenträume

So ein T-Shirt hat nicht jede: Das schlichte Kinderoberteil wurde durch zahlreiche selbstgefertigte Details zu einem originellen Unikat.

Aus verschiedenen rot-weißen Stoffen haben wir süße Rosetten geformt. Sie sind Ton in Ton mit kleinen Satinröschen, Swarowskiperlen und Schleifen aus kariertem Band verziert und auf das Oberteil genäht. Die niedliche Fliegenpilz-Brosche ist ein weiterer Blickfang, der sich am T-Shirtärmel zeigt. In Petit-Point-Technik ist der rot-weiße Waldbewohner auf Leinen gestickt, umrahmt von rotem Kordelband. Auch er ist mit Schleifenband und Satinröschen verziert. Die perfekte Ergänzung: Passende Schleifen im Haar.

Feines Täschchen

Genau wie die Großen: Auf diese süße Minitasche ist jede kleine Schwester ganz besonders stolz. Die verschiedenen Stoffquadrate, in Patchwork-Technik, bilden einen kontrastreichen Rahmen für das zauberhafte Petit-Point-Herz. Kleine Satinröschen unterstreichen den romantischen Touch dieser selbstgenähten Tasche, die sich mit einem rosafarbenen Satinband ganz praktisch umhängen lässt.

Bestplatziert

Unser Ziegenbock führt ein umtriebiges Leben. Heute schmückt er noch diese Taschenkreation. Doch schon morgen zieht er vielleicht ganz woanders bewundernde Blicke auf sich. Kein Wunder: Das niedliche Ansteck-Accessoire ist einfach überall ein echter Blickfang.

Detailgenau wurde der Ziegenbock im Kreuzstich nachgestickt. Wie eine Siegerrosette ist die Brosche gestaltet, der Materialienmix unterstreicht den verspielten Stil des Schmuckstücks. Wildseide ist in Wellen um das Mittelstück gelegt, unterschiedlich lange Satinbänder baumeln herab. Und auch die kleinen Satinröschen kommen wieder zum Einsatz. So erobert sich die Ansteck-Ziege in unserer Schmuckschatulle schnell einen vordersten Platz.

Sauguat

Die Konkurrenz schläft nicht: Auch diese niedliche Schweinchen-Brosche will es auf unserer Beliebtheitsskala ganz nach oben schaffen. Und die Chancen stehen nicht schlecht: Der verspielte Anstecker weiß durch zauberhafte Einzelheiten zu überzeugen.

Das fröhliche Borstenvieh, fein im Kreuzstich gestickt, schmückt sich mit kleinen und kleinsten Satinröschen in verschiedenen Rosetönen. Kurze Perlenketten aus Swarowskisteinen lassen das Schmuckstück filigraner wirken. Schöner lässt sich die Erinnerung an das erholsame Landleben nicht in die Stadt tragen.

Rosenzauber

Kunstvoll arrangiert lenkt dieser Teller voller Rosenblüten die Blicke auf sich. Dicht an dicht sind die zarten Köpfe nebeneinander gesteckt, kleine Schleifen aus verschieden farbigen Bändern ergänzen das üppige Blütenmeer. Edle Glasanhänger in Herzform, mit feinem Pinselstrich von Hand verziert, vervollständigen dieses wunderschöne Arrangement perfekt. Und das beste: Diese romantische Pracht sieht aus wie echt – aber sie verwelkt nie.

Minigugelhupf

Zutaten:
5 Eier • 250 g Puderzucker • 2 Pck. Vanillezucker • 250 ml Öl • 250 ml Eierlikör • 125 g Mehl • 125 g Speisestärke • 4 TL Backpulver • 1 Prise Salz • Kokosflocken • weiße Schokoladenglasur • Butter und Mehl für die Form

Geben Sie alle Zutaten in eine Schüssel und vermengen Sie sie mit dem Handrührgerät auf mittlerer Stufe. Geben Sie den Teig in eine große oder mehrere kleine gefettete und mit Mehl ausgestreute Napfkuchenformen. Im vorgeheizten Ofen bei 180 Grad Ober-/Unterhitze ca. 60 Minuten backen. Lassen Sie den Kuchen etwa 10 Minuten nach dem Backen in der Form ruhen und stürzen ihn dann auf einen Kuchenrost zum Erkalten. Anschließend wird der Kuchen mit weißer Schokoladenglasur überzogen, mit Kokosflocken bestreut und mit Marzipanrosen und Zuckerblüten garniert. Tipp: Mit selbstgemachtem Eierlikör schmeckt der Kuchen doppelt so gut!

Rosige Liebeserklärung

Einfach zauberhaft ist dieser romantische Wandbehang ganz in Rosa und Pink. Wir haben zarte Vichykaros, rosafarbenes Leinen und eine Satinbandrüsche miteinander kombiniert. Das eher rustikal anmutende Motiv mit Hirsch und Reh, das wir im Kreuzstich gestickt haben, steht in zauberhaftem Kontrast zu den von uns gewählten Farben. Ein kleines Rosenbouquet aus Seidenblüten und Schleifen aus Satinband unterstreichen den zarten Charakter dieses Wandschmucks. Winzige Details wie die Schmuckanhänger und das Satinröschen machen diese Handarbeit zu einem einzigartigen Unikat, das zu einer zeitgemäßen Einrichtung ebenso gut wie zum nostalgisch angehauchten Landhausstil passt.

59

Herzige Hirschen und üppige Rosen

60

Traumhafte Ausblicke

Mit Kreativität und Fantasie ist dieser gemütliche Fensterplatz gestaltet: Reh und Hirsch haben sich auf der weißen Scheibengardine eingefunden, die den Mittelpunkt des Arrangements mit ländlich-rustikalem Charme bilden. Farblich passend zum bestickten Sichtschutz sind die Übergardinen genäht, kleine Windlichter und eine dekorierte Suppenkelle mit einem Tiroler Schutzengel aus Holz vervollständigen die Dekoration. Traumhafte Ausblicke sind hier garantiert.

Fein gemacht zum Almabtrieb

So hübsch herausgeputzt zeigen sich die Kühe in den Bergen sonst nur einmal im Jahr. Beim Almabtrieb bringen die Bauern ihr festlich geschmücktes Vieh nach einem Sommer auf den Almwiesen ins Tal hinab. Der Kopfschmuck wird mit viel Liebe aus Tannenzweigen und bunt gefärbten Hobelspänen gefertigt. Im ganzen Dorf herrscht ausgelassene Feststimmung. Diese Atmosphäre fängt unsere originelle Tasche perfekt ein. Auch sie ist ein echtes Prunkstück. Ein detailreiches Kuhmotiv bildet den Mittelpunkt der Kreation. In Petit-Point-Technik wurde es auf weißes Leinen gestickt. Die Tasche selbst ist aus unterschiedlichen Stoffen genäht: Schwarz-weiß-karierter Baumwollstoff und schwarze Wildseide bilden einen edlen Hintergrund. Farbtupfer nehmen der Tasche die Strenge. Mit Pomponband, einem Griff aus Chiffonrosen und kunstvoll drapierten Rosen aus Wildseide wird die Tasche ausgehfein.

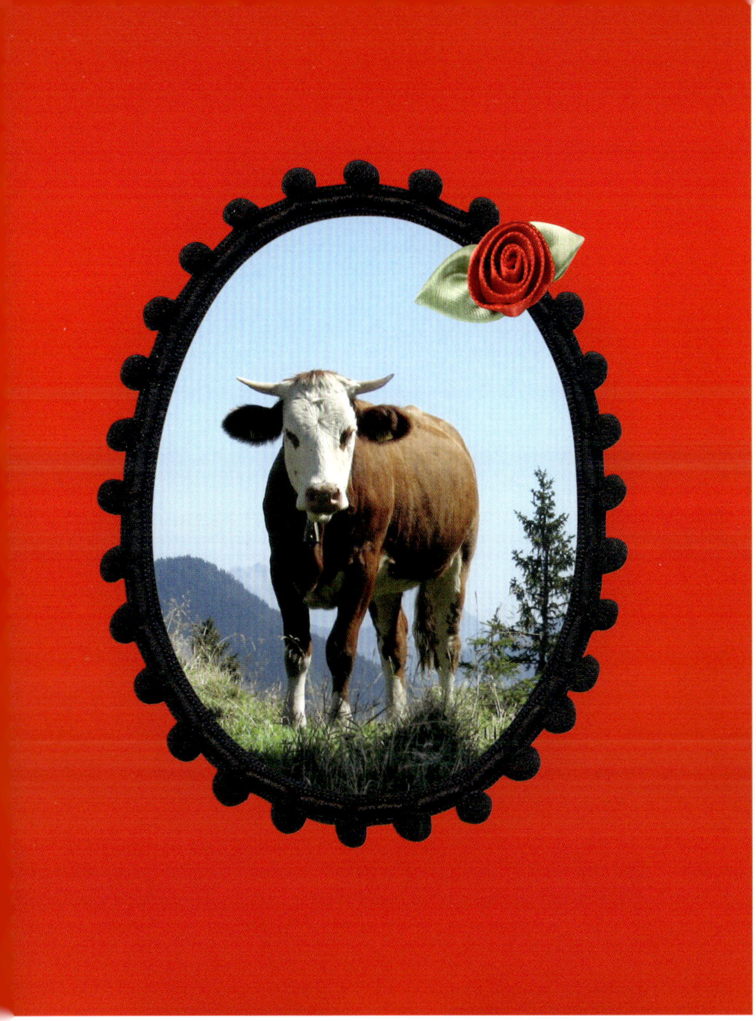

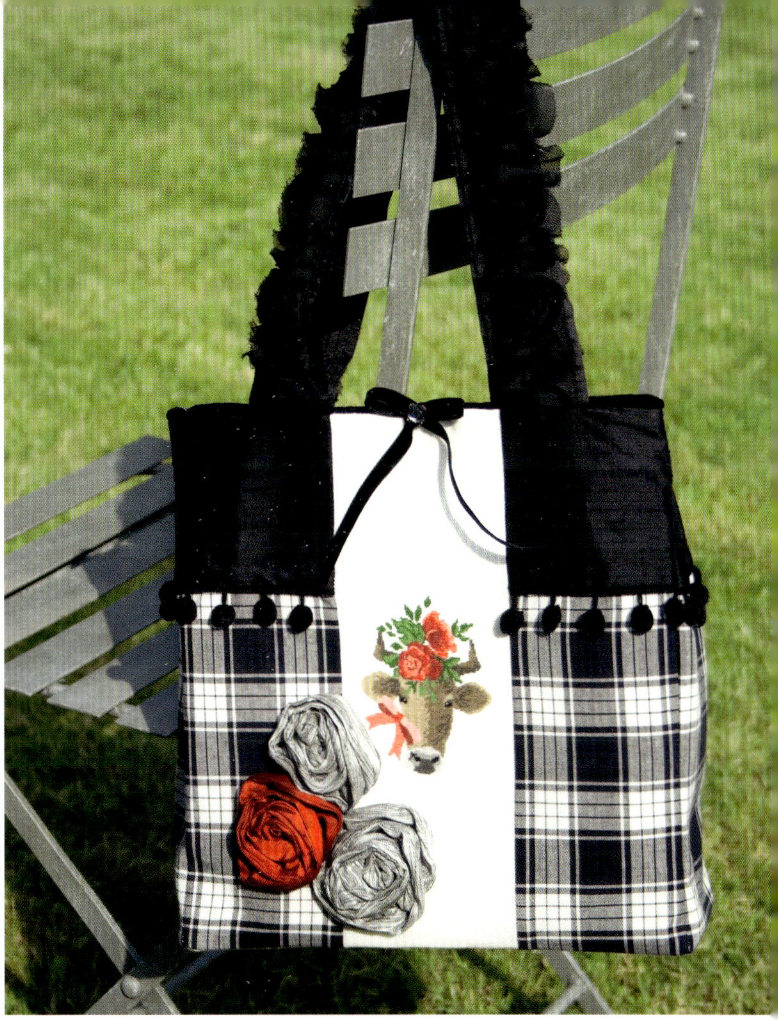

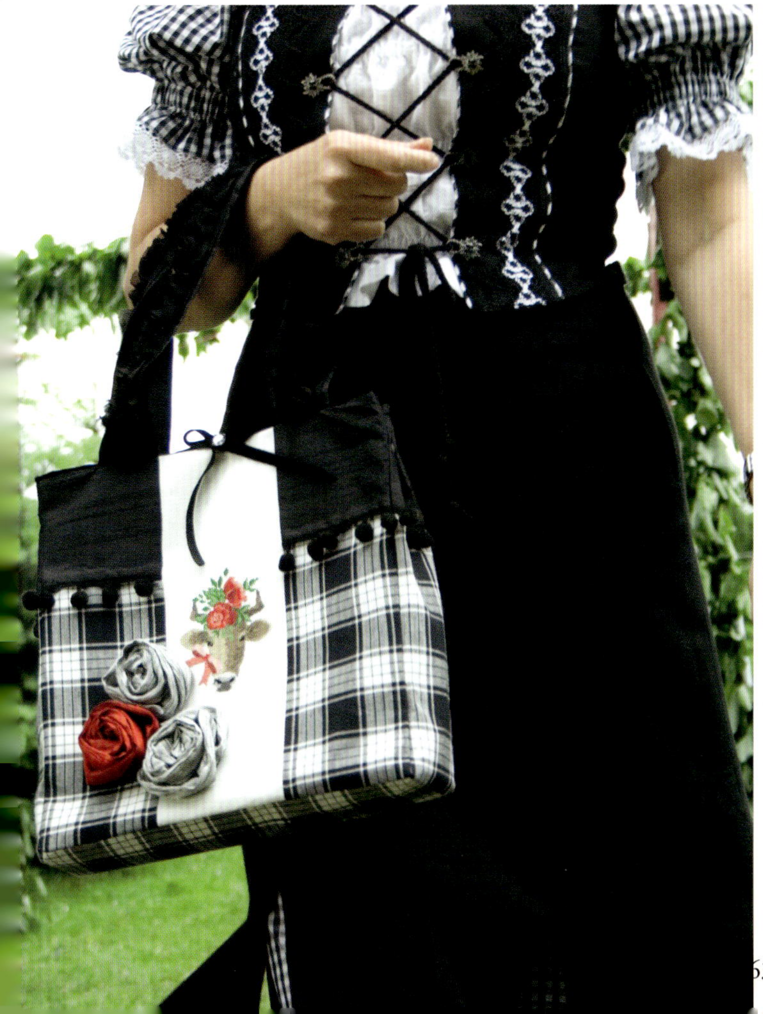

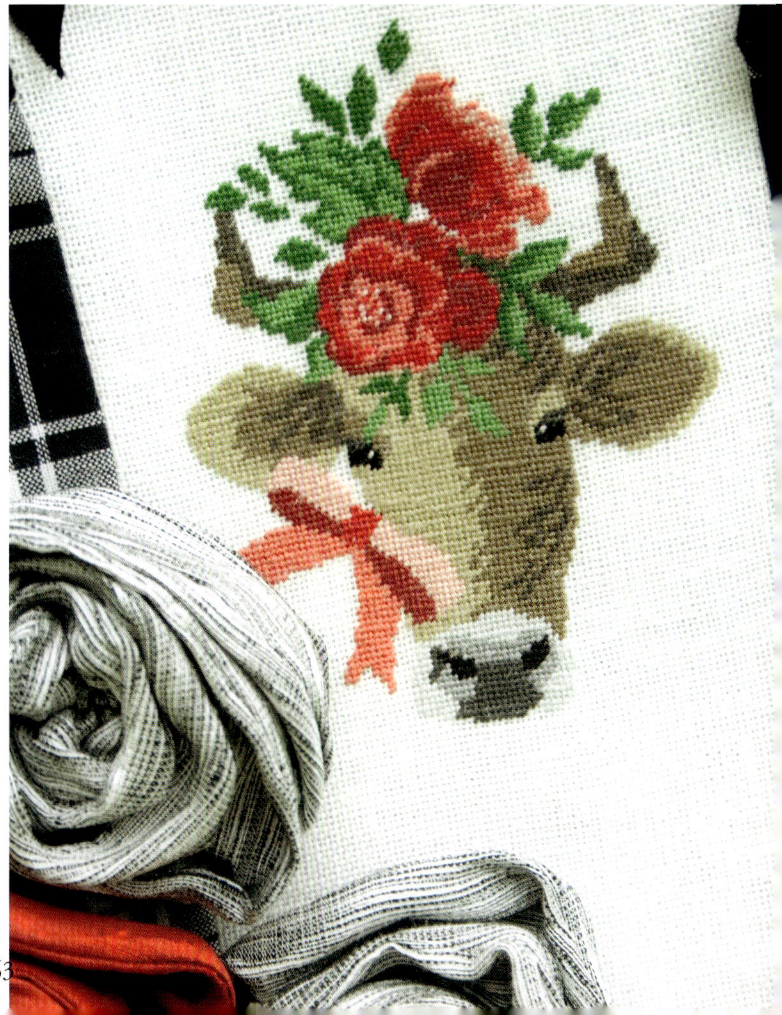

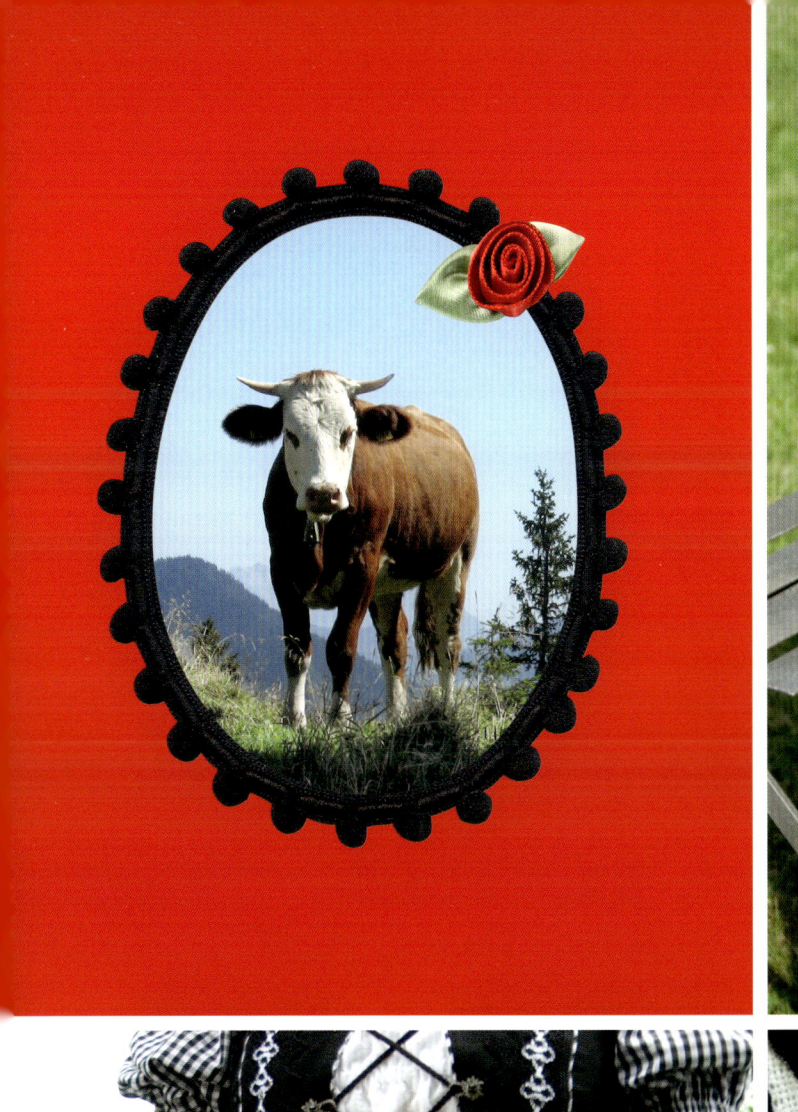

Schmucke Rosen

Wer so ein ausgefallenes Stück trägt, braucht sonst nicht viel Schmuck. Dieses ungewöhnliche Einzelstück überzeugt durch seine charmanten Details: Für das Blütencollier wurden filigrane Blütenrosetten in Schwarz mit Satinröschen, raffinierten Glaskugeln und feinen Perlen in Rosa kombiniert.

Ein wenig Fingerspitzengefühl braucht es schon, um das kunstreiche Schmuckstück fertig zu stellen. Doch es trägt sich danach mit noch mehr Stolz.

Bambi-Brosche

Diese niedliche Brosche verleiht jedem Outfit eine persönliche Note. Wieder wurde mit viel Liebe zum Detail gearbeitet.

Als Herzstück des Ansteckers dient ein weißes Leinenherz, auf das ein kleines Rehkitz in Kreuzstichtechnik gestickt wurde. Viele raffinierte Einzelheiten tragen zum zauberhaften Charme der Brosche bei. Das Herz baumelt an einer kurzen Perlenkette, die wiederum an einer Satinschleife befestigt wurde. Satinröschen, eine gefilzte Kugel und ein Swarowskiherz sind weitere Details dieses Schmuckstücks.

Franzi & Gerti

Behaglichkeit strahlt dieses lauschige Plätzchen aus und lädt zu gemütlichen Mußestunden ein. Mit einem guten Buch lässt es sich hier aushalten. Vor allem, wenn die Begleiter so schmucke Gesellen sind wie diese bestickten Kissenhüllen mit ihren üppig verzierten Kuhhäuptern. Sie machen auch gerahmt eine gute Figur. Ihr ländlicher Charme passt hervorragend in das Ambiente unserer Berghütte.

67

Sommerstunden

Die Leichtigkeit des Sommers wollten wir auf dieser traumhaften Patchwork-Decke einfangen. So vergehen die Tage wie im Flug: Barfuß über die Wiesen tollend, verbringen wir unbeschwerte Stunden in der freien Natur, lachen gemeinsam und freuen uns über die Sonnenstrahlen, die uns kitzeln. Und wenn wir mal ein Päuschen brauchen, bietet das prächtige Plaid eine bequeme Möglichkeit.

Vichy-Karos in rot, grün und rosa, feine grün-weiße Streifen und rosafarbene Wildseide machen diese Decke so lebendig. Stattliche Hirsche, grazile Rehe, süße Rehkitze und der Schriftzug „Hüttenzauber" haben hier als Applikationen ihren großen Auftritt. Kleine Pilze sind scheinbar zufällig über die gesamte Fläche gestreut. Dieses Plaid schmückt jeden Sessel, jedes Sofa oder Bett.

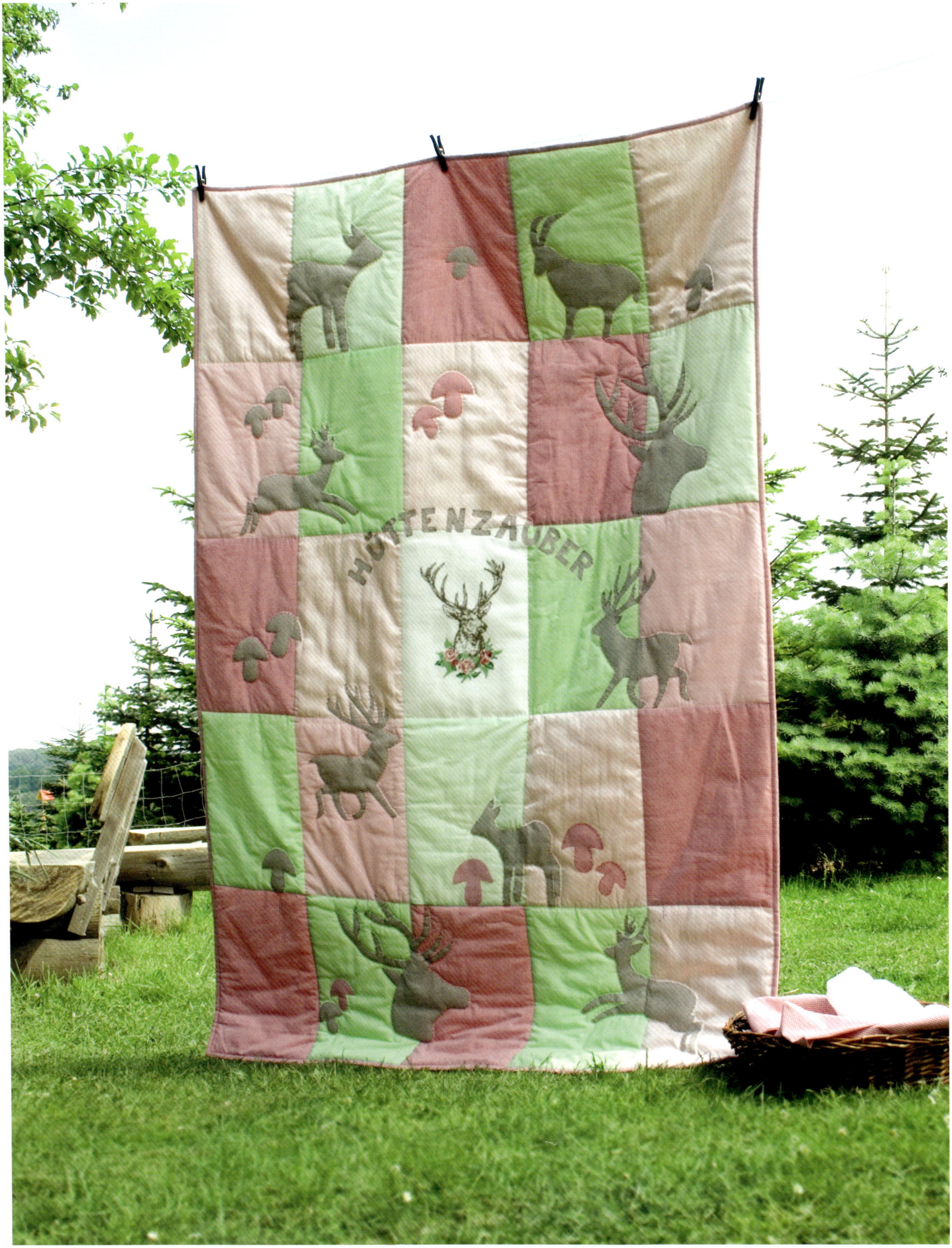
HÜTTENZAUBER

Stolz & schön

Ein seidenzartes Wandbild ist hier aus Wildseide gestaltet. Im Zentrum der kunstvollen Handarbeit steht das Konterfei eines kapitalen Hirsches. Es ist in Petit-Point-Technik gestickt und mit zarten Rosen geschmückt. Sie spiegeln sich in der Verzierung des Quilts wieder: Wildseide in Rose und Altrosa ist in kunstvolle Blüten gelegt. Feine Schleifen, Satinröschen, Swarovskisteine und Filzherzen verbinden sich zu einem romantischen Wandschmuck. So modern interpretiert, kommen auch traditionelle Motive zu neuen Ehren.

Sogar die altmodische Holzschnitzerei wird so zu neuem Leben erweckt. Mit einem zarten Blütenkranz um den Hals verwandelt sich der röhrende Hirsch in eine extravagante Zierde.

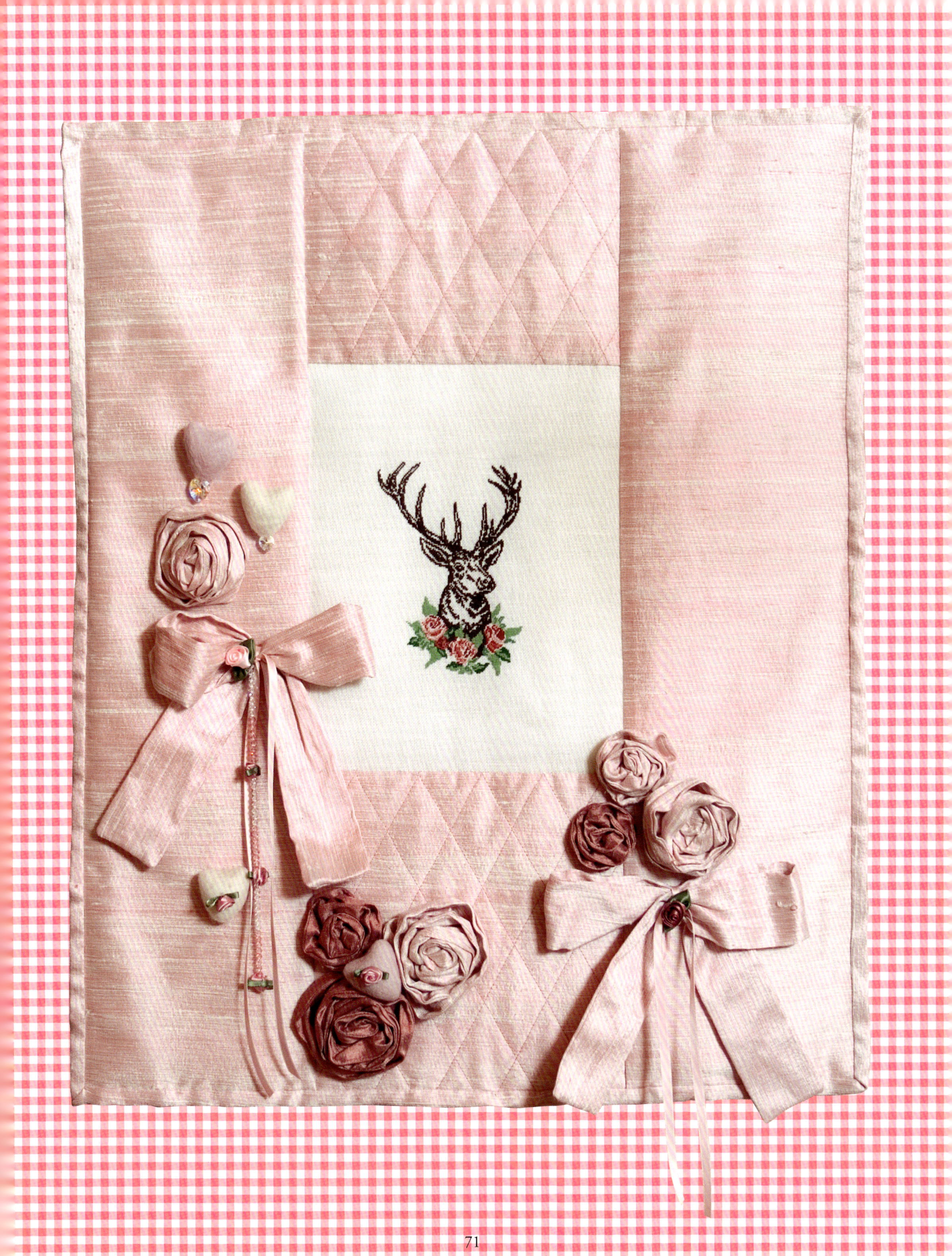

Zauberhaft

Edel, aber auch frisch wirkt die Farbkombination rosa-schwarz, die für dieses himmlische Kropfband gewählt wurde. Ein breiter Streifen Wildseide bietet den perfekten Hintergrund für die vielen zauberhaften Verzierungen.

Der markante Hirschknopf ist prächtiger Mittelpunkt des Schmuckstücks. Leichtigkeit versprühen die glitzernden Swarowskisteine, die durch Glasperlenreigen miteinander verbunden sind. Das schwarze Pompon-Band ist als Kontrast gut gewählt. Diesen Halsschmuck trägt man immer wieder gern.

Waidmannsheil

Die perfekte Ergänzung für die sportliche Sommergarderobe ist das karierte Halstuch, egal ob zu T-Shirt, Bluse oder leichtem Sommerblazer.

Rosa und Rot gehen hier eine gelungene Liaison ein, die durch die unterschiedliche Materialwahl besonders interessant wirkt. Die leichte Chiffonrüsche bildet einen spannenden Kontrast zum ländlichen Charme der Vichy-Karos aus Baumwolle. Das Hirschmotiv ist diesmal nicht gestickt, sondern mit Plusterfarbe aufgetragen. So wölbt es sich plastisch über den glatten Stoff hinaus.

74

Kuckucksuhr

Jeder kennt den einprägsamen Kuckucksruf. In Gedichten, Liedern und Bauernregeln hat sich der Kuckuck verewigt. Doch sein schönster Beitrag ist die nach ihm benannte Uhr: Dort haust er unterm Dach. Zur vollen Stunde öffnet sich sein Türchen und der Kuckuck verkündet sein Lied. Die traditionelle Uhr aus dem Schwarzwald diente als Vorbild für diesen allerliebsten Wandschmuck. Mit feinen Stichen genäht und bestickt, ist dieses Kuckucksuhr-Exemplar ein echtes Liebhaberstück. Von dem filigranen Glasvogel auf seiner Stange bis hin zu den genähten Gewichten aus Stoff haben wir dieses hübsche Unikat in allen Einzelheiten der echten Uhr nachempfunden. Müssten wir uns zwischen Original und Stoffuhr entscheiden, fiele uns die Wahl nicht schwer. Unser handgefertigtes Exemplar fügt sich perfekt in den ländlich-romantischen Charme der Dekoration ein.

Glückspilzchen

Kein anderer Pilz sieht so schön bunt und lustig aus wie der Fliegenpilz. Der fröhliche Glücksbringer wächst schon lange nicht mehr nur im Wald – er sprießt auf Stoffen und Kerzen, Holz, Papier und Geschirr. Und jetzt auch auf diesen niedlichen Kinder-Accessoires. Mit Plusterfarbe hat Lina das Fliegenpilz-Motiv auf ein weißes T-Shirt gemalt. Dafür hat sie einfach das Stickmotiv als Vorlage genommen. Für das süße Karo-Tuch wurde das Design noch ein wenig variiert.

Da hockst di nieder

Für diese entzückende Sitzgelegenheit findet sich bestimmt in jedem Kinderzimmer ein hübsches Plätzchen. Einen schlichten Holzhocker können Kinder im Handumdrehen in ein echtes Prachtstück verwandeln. Zunächst muss das Fliegenpilz-Motiv von der Stickvorlage auf das Holz abgepaust und dann können die Konturen ausgemalt werden. Das geht so kinderleicht, dass auch die Kleinsten mitmachen können.

Glückspilzkette

„Ein Männlein steht im Walde, ganz still und stumm, es hat von lauter Purpur ein Mäntlein um." Wer kann bei diesen Zeilen nicht fröhlich mitsummen? Auch in Kinderliedern und Märchen hat der Fliegenpilz seinen festen Platz.
Hier bekommt der Waldwichtel Gesellschaft von weiteren Glückspilzen. Die zauberhafte Pilzkette ist in jedem Zimmer ein origineller Blickfang. Für diese Deko-Idee haben wir unterschiedliche Materialien miteinander kombiniert. Auf den Köpfen der Pilze leuchtet Baumwollstoff im typischen weiß-roten Punktedesign, die Stängel sind aus Wollfilz genäht. Aufgefädelt haben wir das Ganze auf ein farblich passendes Kordelband.

Greta, die Gans

Für ihren großen Auftritt hat sich Greta prächtig herausgeputzt. In diesem herzallerliebsten Ensemble kommt die selbstgenähte Gans aus Wollfilz besonders gut zur Geltung. Ihr strahlendes Weiß wirkt erfrischend und bildet einen heiteren Kontrast zu den Grüntönen des handgebundenen Herzkranzes. Ein kleines Leinenherz ziert den Hals des kuscheligen Mitbewohners, das mit einem gestickten Herz in Petit-Point-Technik verziert wurde.

80

Das macht fröhlich!

Auf dem verspielten Tischläufer sprießen die Fliegenpilze um die Wette. Hier verbringt man gerne ein paar vergnügte Stunden. Denn langsam sinken die Temperaturen, immer öfter zieht es uns jetzt nach drinnen, ins gemütliche Wohnzimmer oder an den großen Küchentisch. Und so nehmen wir uns die Zeit, unser Zuhause auf die neue Jahreszeit einzustimmen.

Für die Tischdecke haben wir die weiß-roten Fliegenpilze im Kreuzstich auf ein Leinenband gestickt. Mit kariertem Baumwollstoff kombiniert strahlt die schöne Handarbeit Behaglichkeit aus.

Waldbewohner

Die gesamte Tischdekoration ist auf das Thema des Läufers abgestimmt. Windlichter und Gläser sind mit zartem Moos, knorrigen Zweigen und vielen Accessoires dekoriert worden. Sie passen perfekt zu den Kerzen in Tannenzapfenform und den filigranen Fliegenpilzen aus Glas.

Mit Kleinigkeiten erzielt man so eine große Wirkung: Von außen sind die Gläser mit Schleifen- und Kordelband in passenden Farbtönen umwickelt. Zarte Satinröschen und kleine rote Glasanhänger in Herzform kommen ebenfalls zum Einsatz. Die Windlichter können sogar gefüllt werden – mit liebevollen Details lässt sich ein spannendes Innenleben gestalten.

Glückspilz-Gugelhupf

Fröhliche Punkte so weit das Auge reicht: Dieser zauberhaft verzierte Gugelhupf lässt jedes Geburtstagskind strahlen. Für die gelungene Überraschung haben wir uns viel Mühe gegeben: Der Kuchen wurde mit weißer Glasur bestrichen und mit Fliegenpilzen aus Zuckerguss und niedlichen Pilz-Kerzen geschmückt. Hier darf vom Glück genascht werden!

Zutaten:
5 Eier • 250 g Puderzucker • 2 Pck. Vanillezucker • 250 ml Öl • 250 ml Eierlikör 125 g Mehl • 125 g Speisestärke • 4 TL Backpulver • 1 Prise Salz • Weiße Schokoladenglasur Schoko-Buchstaben • Zuckerfliegenpilze • Fett für die Form, Mehl für die Form

Geben Sie alle Zutaten in eine Schüssel und vermengen Sie sie mit dem Handrührgerät auf mittlerer Stufe. Geben Sie den Teig in eine gefettete und mit Mehl ausgestreute Napfkuchenform. Im vorgeheizten Ofen bei 180 Grad Ober-/Unterhitze ca. 60 Minuten backen. Lassen Sie den Kuchen etwa 10 Minuten nach dem Backen in der Form ruhen und stürzen ihn dann auf ein Kuchenrost zum Erkalten. Anschließend wird der Kuchen mit weißer Schokoladenglasur überzogen und mit Schoko-Buchstaben, Zuckerpilzen und Pilzkerzchen garniert.

Märchenhaft

Wenn die Tage kürzer werden, sind gemütliche Lesestunden umso schöner. Groß und Klein sind erfreut, wenn sich die Lektüre in ein so entzückendes Gewand gekleidet hat.

Die Buchhülle aus rot-weiß-kariertem Baumwollstoff ist Grundlage für den selbst genähten Ziereinschlag. Wir haben ihn mit zwei gestickten Fliegenpilzen verschönert, ein rotes Kordelband dient als schmucker Rahmen für dieses heitere Stillleben. Farblich passend dazu wurden zwei kleine Schleifen und ein Satinröschen angebracht. Ein rotes Satin- und ein schwarzes Spitzenband laufen über Vorder- und Rückseite der Hülle und runden das Prachtstück ab.

Herz-Reigen

Ein Blick genügt – und schon hat man sie ins Herz geschlossen. Mit diesem verspielten Ensemble lässt sich im Handumdrehen ein stimmungsvolles Ambiente schaffen.

Die Herzkette punktet mit farbenfrohen Details. Das weiße Leinenherz mit dem süßen Fliegenpilzmotiv bildet den Mittelpunkt des Deko-Elements. Links und rechts geben zwei Stoffherzen im weiß-rot-gepunkteten Fliegenpilz-Design die attraktiven Begleiter. Niedliches Detail: der winzige Fliegenpilz aus Holz, der zusammen mit einer Schleife das fantasievolle Gesamtbild abrundet. Nun müssen die drei Herzen nur noch aneinander genäht werden. Mit zwei dicken Samtbändern an den Enden lässt sich das schmückende Beiwerk ganz einfach überall anbringen.

Wenn es kalt wird...

Die Sonne glitzert auf abertausenden von Schneekristallen, bei jedem Schritt knirscht es unter den Füßen, der Atem steht als eisiger Dampf vor unseren Gesichtern. Dick vermummt in Jacken und Schals entdecken wir Schritt für Schritt die tief verschneite Landschaft. Ein Wintertag in den Bergen lässt uns die Hektik des Alltags vergessen und zur Ruhe kommen. Mit aufgetankten Reserven kehren wir nach Hause zurück und freuen uns umso mehr auf die kommenden Wochen. Wir wollen Freunde und die Familie einladen, Plätzchen backen und Geschenke basteln. In Vorfreude auf das große Fest darf das ganze Haus weihnachtlich dekoriert werden: Der Advent steckt voller Vorbereitungen – plötzlich ist Weihnachten zum Greifen nah.

Endlich ist Weihnachtszeit!

88

Der Winter ist da

In diesen Tagen steht unsere Tür offen für alle, die mit uns ein paar gemütliche Stunden verbringen wollen. Jetzt ist Gemeinsamkeit besonders schön.

Den Eingang zu unserem Zuhause haben wir daher winterlich einladend inszeniert. Der handgebundene Tannenkranz sieht aus, als käme er direkt aus dem verschneiten Wald. Auch ein Stück Moos und einige Tannenzapfen haben wir in den Türschmuck integriert, der mit Kunstschnee bestäubt wird. Ein großer und ein kleiner Glas-Fliegenpilz sorgen für fröhliche Glanzpunkte. Perfekt ergänzt wird der Kranz durch den gestickten Willkommensgruß aus Leinen. Die verschneite Hütte und weiße Bergspitzen zaubern Almhüttenflair. Absoluter Clou: Die Tannengirlande rund um die Tür, die die Dekoration zu einem festlichen Gesamtbild abrundet.

Adventspäckchen

Warum Kinder im Dezember ganz brav ins Bett gehen? Weil jeden Morgen eine Überraschung im Adventskalender auf sie wartet. Und der ist in unserem Fall auch noch besonders hübsch arrangiert. Da macht schon das Angucken Freude.

Für diese ungewöhnliche Komposition mit rustikal-ländlichem Charme haben wir ein Hirschgeweih zweckentfremdet. Schmückendes Beiwerk der Jagdtrophäe sind nun kleine Geschenke, die wir mit viel Liebe eingepackt haben. Statt mit Papier wurden die Päckchen mit verschiedenen Stoffresten verpackt – die Rottöne zaubern eine festliche Stimmung, durch den Materialmix wirkt das Arrangement fröhlich und lebendig. Wieder waren uns kleine Feinheiten besonders wichtig: Jedes Geschenk haben wir mit Schleifen verziert, kleine Herzen, Fliegenpilze und Satinröschen sind ebenfalls Teil der Verpackung. Ein Kranz aus Tannengrün und eine dunkelrote Stoffrose vollenden unseren ausgefallenen Adventskalender.

Fast zu schade zum Auspacken – wenn nur die Neugier nicht so groß wäre.

91

92

Hand in Hand

Wenn es draußen stürmt und schneit, zaubert dieser prachtvolle Fensterschmuck Gemütlichkeit in unsere Stube. Malerisch inszeniert wird der Fensterplatz zu einem festlichen Kunstwerk.

Die Leinengardine mit den aufgedruckten Lebkuchenkindern haben wir mit einer verspielten Girlande bestickt. Gerne verweilt das Auge auf den zahlreichen winzigen Details.

Genähte Mini-Herzen aus rotem Stoff baumeln fröhlich herab. Eine handgebundene Tannengirlande ist der perfekte Begleiter für die bestickte Pracht. Er rahmt das Fenster ein und ist mit roten Beeren, kostbaren Glasvögeln und original Herrnhuter-Sternen dekoriert. Wahrlich ein entzückender Ausblick.

Adventsstündchen

So ein kalter Dezembertag kann ganz schön ungemütlich sein. Da machen wir es uns lieber drinnen richtig kuschelig und laden Freunde oder Familie zum entspannten Kaffeeklatsch ein. Bis ins letzte Detail wird dekoriert, arrangiert und verziert, damit die Tafel ein stimmungsvolles Bild abgibt.

Die wunderschön bestickte Tischdecke holt man für solche Gelegenheiten gern aus dem Schrank. Mit viel Liebe haben wir die verschiedenen Motive auf das Leinen gestickt: Gans Greta hat sich mit einer dicken roten Schleife herausgeputzt, und der gestickte Adventskranz mit den Fliegenpilzen wirkt ganz besonders fröhlich.

95

Im Festtagskleid

In den klassischen Weihnachtsfarben Rot und Grün ist auch die Tischdekoration bis ins Kleinste auf die festliche Jahreszeit abgestimmt. Mit süßen Schleifen und ein wenig Tannengrün haben wir die Tafel im Handumdrehen mit einer weihnachtlichen Note versehen.

Traditionelle Weihnachtsmotive schmücken die edle Geschirrserie „Merry Christmas", die wir in diesen Wochen mit Freude wieder benutzen. Auf den klassisch-weißen Tassen und Tellern sind Mistelzweige aufgemalt, kleine Christbaumkugeln und stachelige Ilex-Blätter mit ihren roten Beeren zieren das Geschirr. Da schmeckt der heiße Punsch oder die köstliche Schokolade noch einmal so gut.

Schlicht & schön

Die traditionellste aller Adventsdekorationen ist der Adventskranz. Er überzeugt hier durch seine bewusst schlichte Aufmachung. Auf dem Kranz aus Tannengrün sind neben den vier weißen Kerzen nur wenige Deko-Elemente befestigt. So kommen die hübschen Fliegenpilze besonders gut zur Geltung. Im Glanz der roten Kugeln, die mit lustigen Punkten gesprenkelt sind, spiegelt sich der Kerzenschein besonders wider. Nun steht der Festtagsfreude nichts mehr im Wege.

Zum Fest geschmückt

Mit etwas Fantasie verleihen wir auch Alltagsgegenständen eine weihnachtliche Note. Diese prächtige Husse schmückt einen einfachen Holzstuhl und macht aus ihm ein festliches Plätzchen.

Künstliches Tannengrün, Blätter und Buchsbaumzweige wurden für die weihnachtliche Stuhlgirlande zusammengebunden. Rote Beeren und Tannenzapfen lockern das Ensemble auf. Als Hingucker dienen zwei aus rotem Wollfilz genähte Herzen. Die zarte Edelweißapplikation mit kleinen Perlen verleiht ihnen den von uns gewünschten edlen Hüttenzauber.

99

Schmucker Acht-Ender

Prächtig verpackt

Wer leidenschaftlich gern dekoriert, kann sich im Advent richtig ausleben. Dieser traumhafte Wandbehang ist ein Prunkstück und zaubert festliche Stimmung in alle Räume. Üppig mit Kugeln, Schleifen und Tannengrün dekoriert, wirkt er trotzdem nicht überladen. Der Mix aus Seide, Baumwollstoff und Leinen sorgt dafür, dass der Blick wandert und das genähte Bild lebendig wirkt.

Ein Hingucker ist der mächtige Hirsch, der weihnachtlich geschmückt auf uns herab blickt. Wir haben ihm nicht nur einen grünen Kranz gestickt, sondern auch zwei echte Tannengirlanden am Quilt angebracht. Aufwendig verpackte Geschenke sind auf eine der beiden seidig-glänzenden Seiten genäht. Dafür haben wir verschiedene Baumwollstoffe in Rottönen benutzt, die mit ganz unterschiedlichen Schleifenbändern verziert sind.

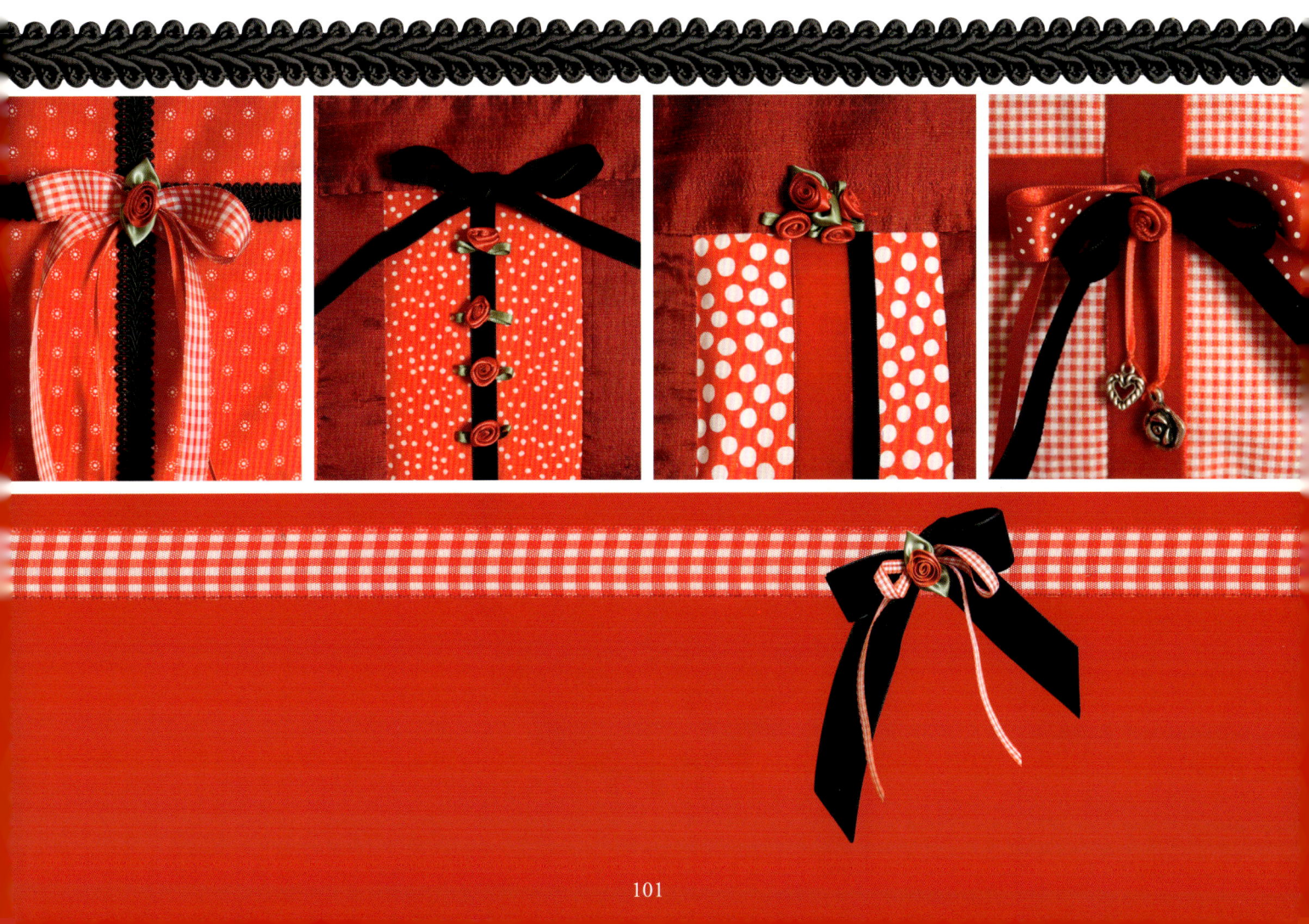

102

Schön geschmückt

Ohne Frage: Unsere selbst genähten Weihnachtskugeln können jedem Tannenbaumschmuck Konkurrenz machen. Rot in all seinen Variationen ist einfach die ultimative Weihnachtsfarbe und zum Dunkelgrün der Tannenbaumsilhouette ein toller Kontrast. Für die runden Stoffrosetten haben wir uns besonders viel Mühe gegeben. Sie sind aus verschiedenen Stoffen genäht und mit zartem Schleifenband auf der grünen Seide befestigt. Durch zarte Details wie Satinröschen und winzige Schmuckanhänger wirkt die Dekoration sehr verspielt, die glänzende Seide zaubert festliche Stimmung.

Winterlicht

Licht gehört zu den wichtigsten Elementen der vierten Jahreszeit. Große Kerzen, deren Flammen im edlen Glas flackern, dürfen daher nicht fehlen. Erst recht nicht, wenn sie so kunstvoll arrangiert sind, wie dieses Windlicht im Astkranz.

Fundstücke von einem Waldspaziergang liefern die Grundlage für das stimmungsvolle Stilleben. Verwitterte Äste und Zweige haben wir dafür rusikal miteinander verklebt und verschraubt. Tannenzapfen und ein wenig Moos ergänzen das Arrangement. Winterliche Stimmung zaubert der feine Kunstschnee, in dem die Kerze zu versinken scheint.

105

Wärmstens zu empfehlen

Die winterlichen Accessoires aus Wollfilz sind absolute Multitalente. Sie halten nicht nur schön warm, sondern sehen auch noch richtig schick aus. Und das Beste: Man kann sie nirgendwo kaufen, denn Schal, Mütze und Stulpen sind selbst gemacht.

Gerade Linien und verspielte Details bestimmen das dreiteilige Set, das wir aus braunem Wollfilz geschneidert haben. Alle Kanten sind mit schwarzen Pompons verziert – sie lockern das klassische Ensemble auf. Der Schal wird formschön mit einem dicken Knopf geschlossen, zarte Satinröschen in Rosa und gestickte Herzen in Petit-Point-Technik dienen als süße Hingucker. So richtig zum Ankuscheln! Im selben Stil bleibt auch die witzige Hirschbrosche, die ebenfalls in Petit-Point-Technik gestickt wurde. Kleine Glasperlen veredeln das Motiv, zarte Stoffblätter und ein Swarowskiherz harmonieren perfekt mit der gestickten Kostbarkeit.

107

Hüttenzauber

Leise fällt der Schnee auf das Dach der Berghütte. Die weiße Schneelast umhüllt sie malerisch. Gibt es etwas Schöneres, als einen langen Wintertag in den Bergen gemütlich am Kamin ausklingen zu lassen?

Ein wenig Hüttenzauber können wir uns auch mit dieser gestickten Türschleife in die eigenen vier Wände holen. Dieser aufwendig gestaltete Türschmuck zeigt jedem Besucher, wie liebevoll hier die Adventszeit begangen wird. In den Kranz aus Tannenzweigen, Ästen und Moos haben wir rote Beeren und kleine Zieräpfel eingebunden. Sie leuchten auf dem grünen Grund besonders schön. Hingucker ist die große Leinenschleife, deren Kanten wir mit farblich passendem Band verziert haben. Mit roten Schleifen ist sie an den Kranz gebunden. Wunderschön: das im Kreuzstich gestickte Herzmotiv, das unsere Gäste mit Almhüttenstimmung begrüßt.

109

So wird's gemütlich

Nichts zaubert so schönes Licht wie rot-goldener Kerzenschein. In der früh hereinbrechenden Dunkelheit strahlen die warmen Lichtpunkte der Flammen Behaglichkeit aus. Deshalb sparen wir bei der Adventsdekoration an einem nicht: Kerzen, Kerzen, Kerzen. Erst recht nicht, wenn sie in so stimmungsvoll dekorierten Windlichtern leuchten.
Mit rot-weiß-karierten Schleifenbändern, schwarzem Pomponband und einem Kranz aus Tannengrün und kleinen Zapfen haben wir den Gläsern ein weihnachtliches Gewand gegeben. Farblich passend dazu sind die roten Kugelkerzen ausgewählt. Die großen Windlichter schmückt eine Rosette mit Hirschmotiv, bei den kleineren ist ein schwarzes Filzherz als Blickfang angebracht. So sehen sie auch tagsüber schön aus.

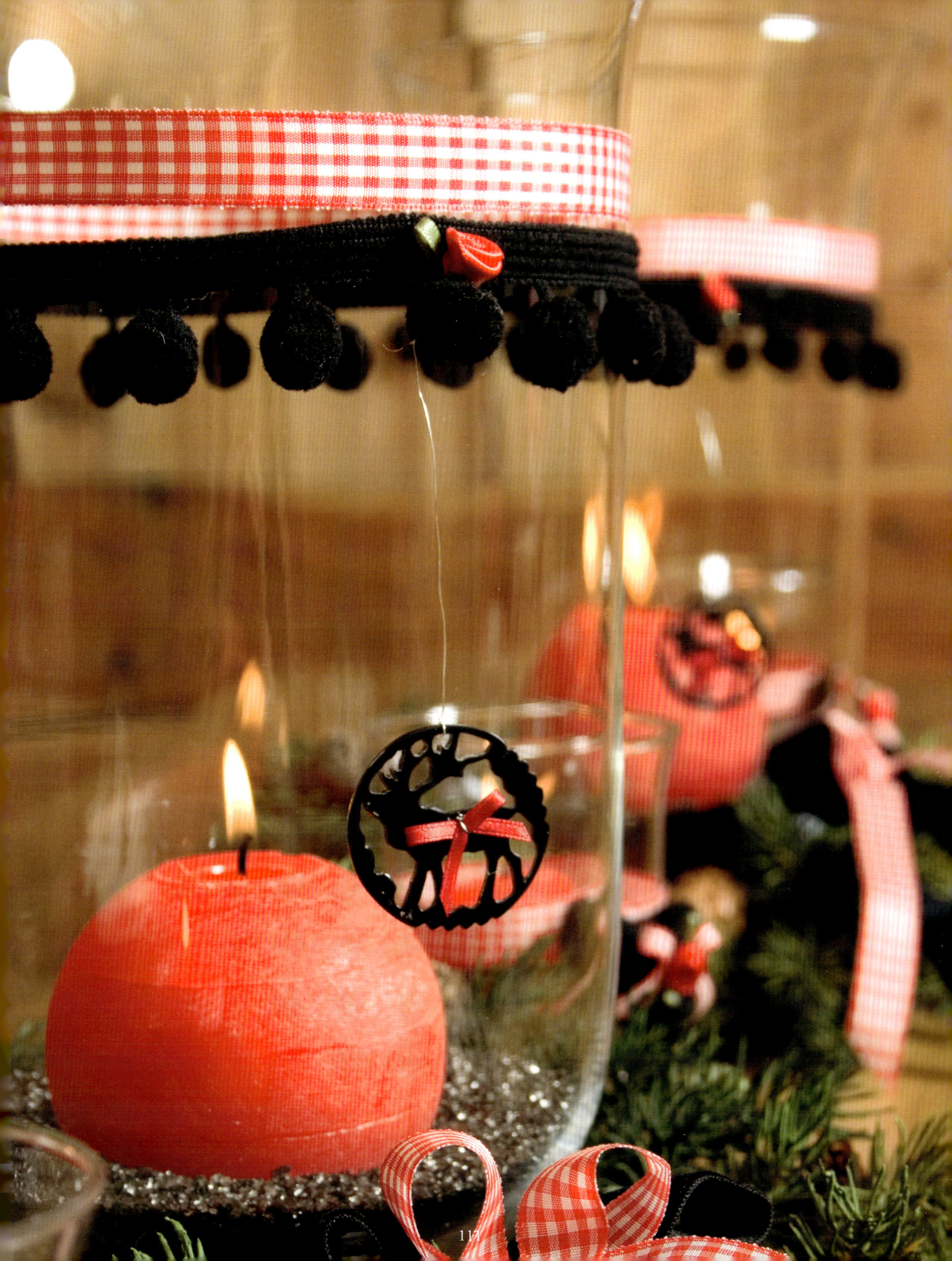

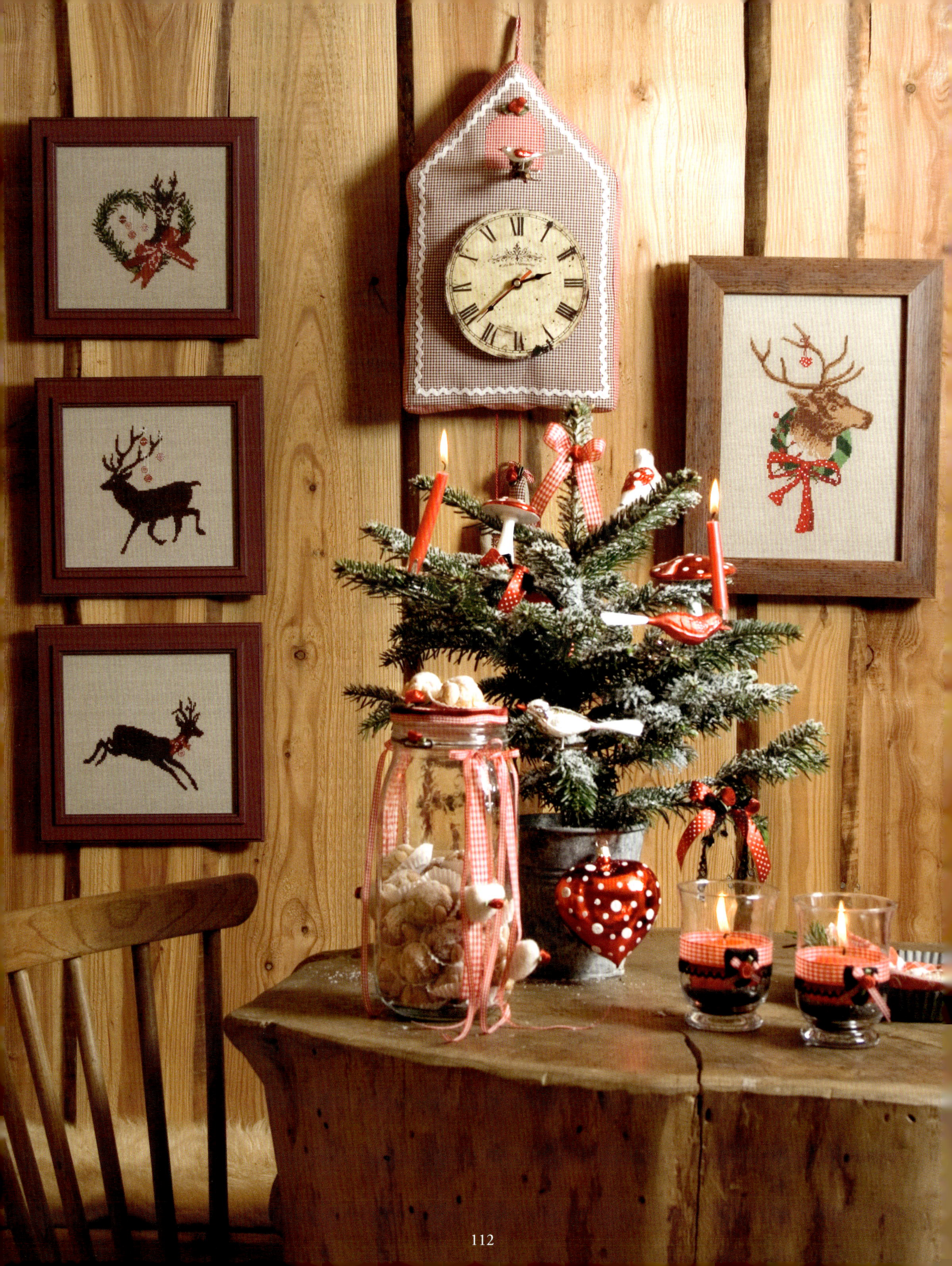

Bildschön

Auf der Pirsch nach Deko-Ideen für die Adventszeit haben wir uns von den weihnachtlichen Stickmotiven mit Hirsch und Reh inspirieren lassen. Jedes für sich kommen sie in einem schlichten Holzrahmen besonders gut zur Geltung. Zusammen aufgehängt, ergeben sie ein stimmungsvolles Gesamtbild, das an jeder Wand die Blicke auf sich zieht.

Mit verspielten Details haben wir die klassischen Motive ergänzt. Der röhrende Hirsch hat längst ausgedient. Jetzt wird er neu interpretiert zu einem Muss im modernen Landhausstil. Weihnachtskugeln schmücken sein Geweih, er trägt Schleife und Tannenkranz. Auch in Kombination mit modernem Mobiliar wirkt diese außergewöhnliche Bildergalerie ganz besonders schön.

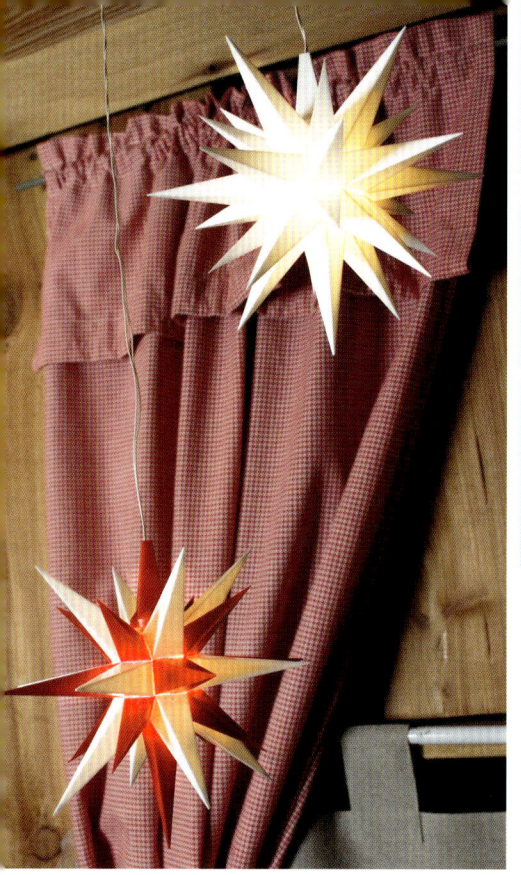

So wird es richtig schön

Im Adventstrubel geht die Vorfreude auf das Fest viel zu leicht verloren. Umso wichtiger ist es, immer wieder Momente der Besinnung zu schaffen. Das geht an einem gemütlichen Ort wie diesem besonders gut. Wir zünden Kerzen an, machen es uns bequem und genießen in Ruhe die ganze Pracht.

Für den behaglich eingerichteten Fensterplatz haben wir die Dekoration aufeinander abgestimmt. Die weihnachtlich bestickte Gardine, die Herrnhuter Sterne und farblich passende Vorhänge ergänzen sich zu einem wohltuenden Arrangement in Rot und Braun. Fein gestickt und liebevoll genäht, laden Kissen im Patchwork zum Ankuscheln ein. Mit einem Kordelband gerahmt werden die Motive effektvoll präsentiert.

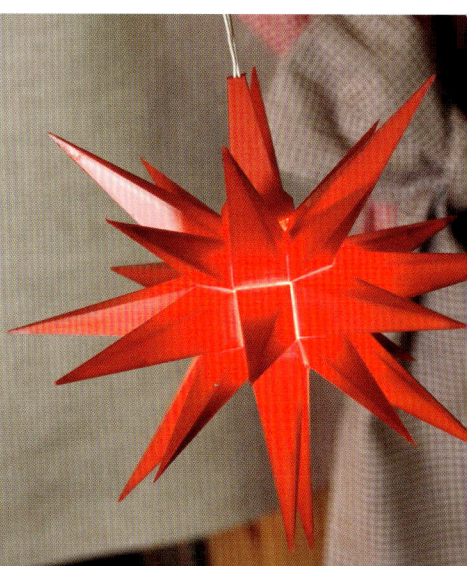

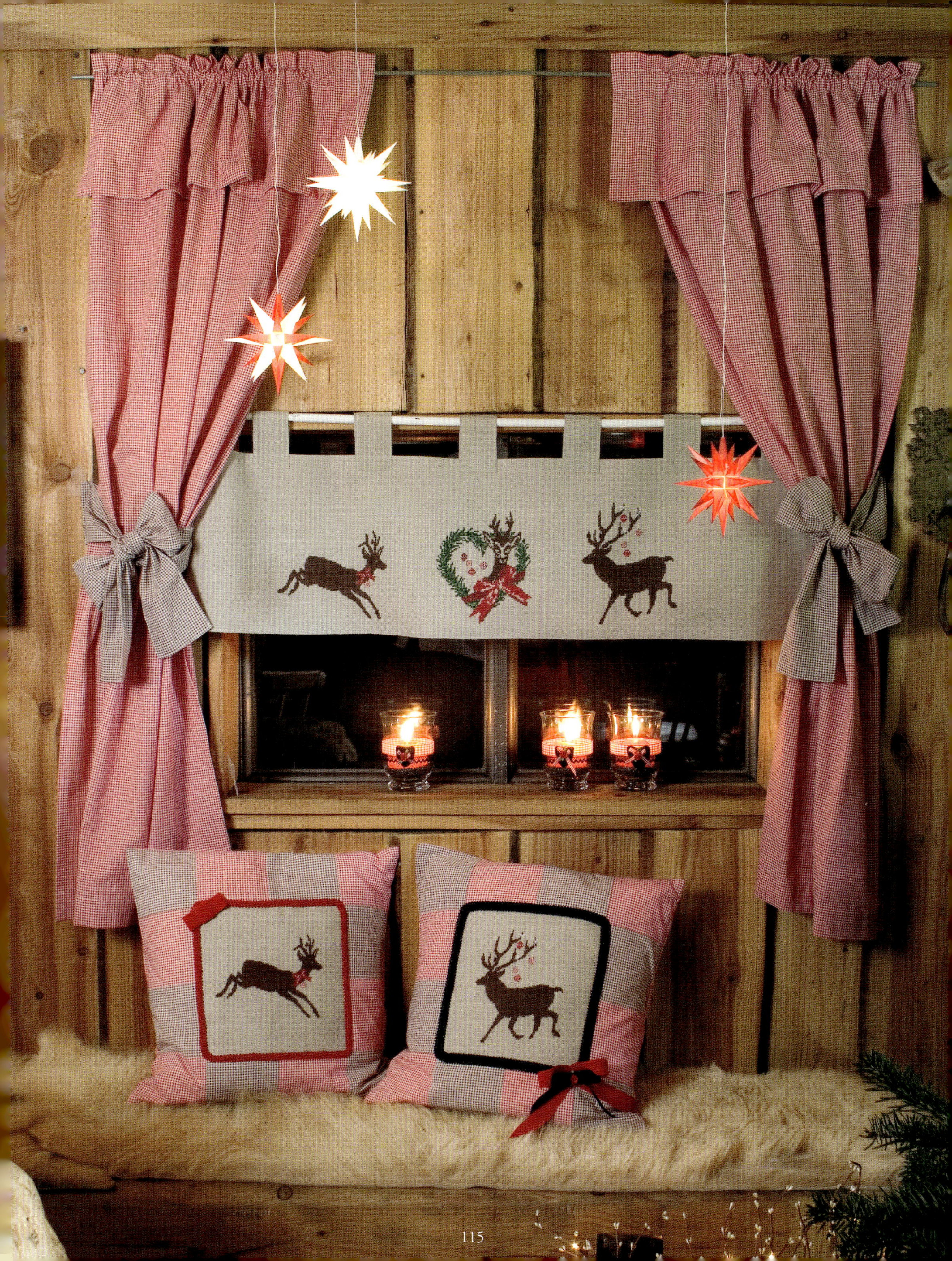

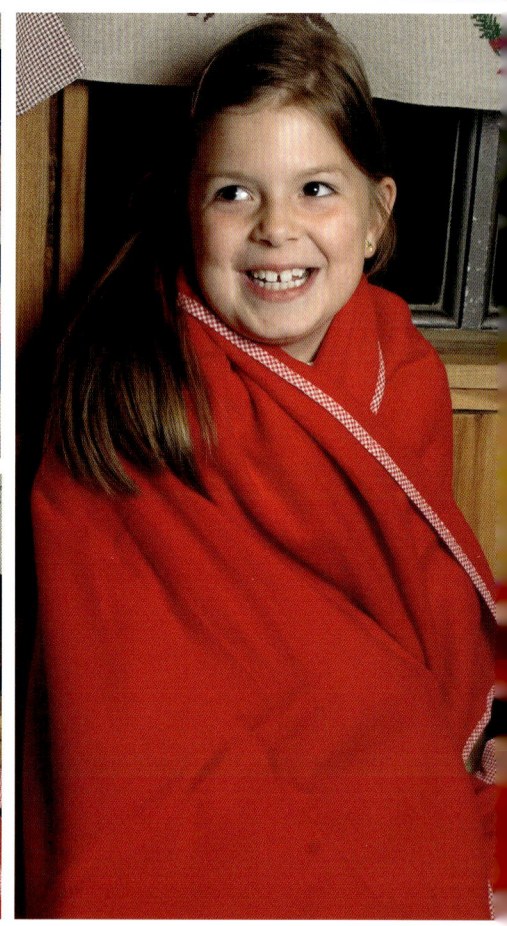

Kuschelkomplize

Dieses gemütliche Kissen sieht nicht nur toll aus: Wie von Zauberhand verwandelt es sich mit wenigen Handgriffen in eine Decke zum Wärmen und Kuscheln. Das effektvolle Lieblingsstück im roten Weihnachtskleid begeistert Groß und Klein. Und es ist gar nicht so schwer umzusetzen.
Zusammengefaltet wird die weiche Decke zur Kissenfüllung und gibt das schöne Stickmotiv preis. Ein wahrhaft magisches Accessoire für kalte Wintertage.

Ruck-Zuck, fertig!

118

Plätzchenparadies

Die leckerste Zeit im Jahr ist im Advent. Mit viel Liebe und originellen Ideen haben wir unserem Zuhause ein weihnachtliches Gewand angezogen. In diesen Wochen verbringen wir besonders viel Zeit daheim– dazu gehören lange, gemütliche Abende bei Kerzenschein und der verheißungsvolle Duft von Backwerk.

Köstliche Weihnachtsplätzchen stehen auch im Mittelpunkt dieses üppigen Stillebens, das wir auf einem rustikalen Holztisch arrangiert haben. Die selbst gebackenen Knabbereien haben wir in festlich geschmückte Weckgläser gefüllt, anstatt sie in Keksdosen zu verstecken. So kann jeder die süßen Freuden sehen. Ein Miniatur-Tannenbaum, mit feinem Baumschmuck und echten Kerzen geschmückt, macht seinem großen Bruder Konkurrenz.

Berner Nusstäschchen

Zutaten:
300 g Mehl • 225 g Zucker • 1 Päckchen Vanillezucker • 1 Ei • 180 g Butter
50 g Walnusskerne • 50 g gehackte Mandeln • 4 EL + 1 TL Schlagsahne
2 EL flüssiger Honig • 1 Eigelb • 125 g Mandeln (ohne Haut) • 1 TL Puderzucker

Mehl mit 100 g Zucker, Vanillezucker, Ei und 175 g Butter verkneten und 1 Stunde kalt stellen. Nüsse grob hacken. 50g Zucker schmelzen. Gehackte Mandeln und Walnüsse unterrühren dann 4 EL Sahne und Honig einrühren. 1 Min köcheln lassen. Den Teig 4-5 mm dick ausrollen. Mit Ausstechern mit einem Durchmesser von ca. 6 cm Kreise ausstechen. Je 1/2 TL Nuss-Füllung darauf geben, den Teig überklappen und andrücken. Die Taschen auf ein Backblech mit Backpapier setzen. Eigelb und 1 TL Sahne verquirlen und die Taschen damit bestreichen. Im Ofen (E-Herd: 200 °C / Umluft: 175°C / Gas: Stufe 3) ca. 12 Min backen. Auskühlen lassen.
75 g Zucker schmelzen, 5 g Butter und 3-4 EL heißes Wasser unterrühren und aufkochen. Die ganzen Mandeln unterheben. Die Taschen mit den Mandeln verzieren. und zum Schluss mit Puderzucker bestäuben.

Bethmännchen mit Marzipan

Zutaten:
80 g Mandelkerne (ohne Haut) • 400 g Marzipanrohmasse
100 g Puderzucker • 100 g gemahlene Mandeln • 1 EL Rosenwasser • 1 EL Kirschwasser • 1 Ei • 1 EL Puderzucker

Die Marzipanrohmasse fein würfeln. In einer Schüssel mit Puderzucker, gemahlenen Mandeln, Rosen- sowie Kirschwasser und Ei zu einem geschmeidigen Teig verkneten.
Aus dem Teig mit den Händen Kugeln von ca. 2 cm Durchmesser formen. Mandelkerne halbieren. Auf jede Kugel 4 Mandelhälften drücken. Den Backofen auf 180°C (Umluft: 160Grad) vorheizen. Auf ein Backblech mit Backpapier die Bethmännchen setzen und 12 Min. im Ofen backen. Auf einem Kuchengitter abkühlen lassen. Zum Schluss wird das Gebäck mit Puderzucker bestäubt.

Rote Mandelherzen

Zutaten:
200 g Mehl • 1/2 gestrichener TL Backpulver • 100 g gemahlene Mandeln • 75 g Zucker • 1 Päckchen Bourbon-Vanillezucker Salz • 125 g kalte Butter • 1 Ei • 100 g Mandelblättchen • 175 g Himbeer-Konfitüre • Puderzucker zum Bestäuben

Mehl, Backpulver, gemahlene Mandeln, Zucker, Vanillezucker, 1 Prise Salz, Butter in Stückchen und Ei erst mit dem Handrührgerät, dann kurz mit den Händen glatt verkneten. Zugedeckt ca. 30 Min. kalt stellen.
Mandelblättchen ohne Fett rösten, auskühlen. Teig auf wenig Mehl ca. 2 mm dick ausrollen. Verschieden große Herzen ausstechen, auf die Bleche legen. Im vorgeheizten Backofen (E-Herd: 175°C / Umluft: 150°C / Gas: Stufe 2) ca. 10 Min. backen, danach auskühlen lassen. Konfitüre erwärmen und durch ein Sieb streichen. Kekse damit bestreichen. Mit Mandeln und Puderzucker verzieren.

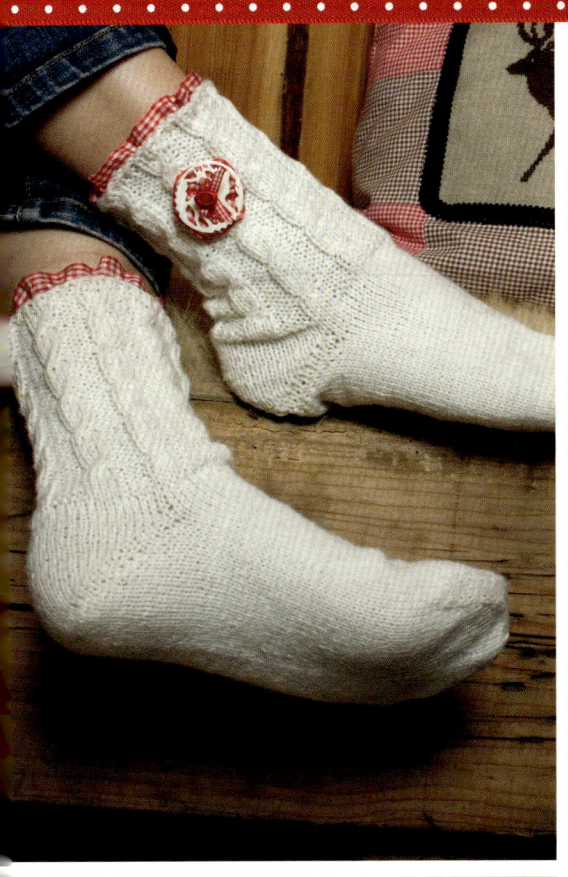

Schön & warm

In diesem Winter soll niemand frieren. Dafür sorgen unsere dicken, handgestrickten Socken. Mit süßen Details verziert, werden sie zu echten Unikaten, die sich nicht verstecken müssen. Als Hingucker ist eine Rosette mit Hirschmotiv aufgenäht, die rot-weißes Karoband noch mehr zur Geltung bringt. Das haben wir auch als Abschlusskante gewählt – es ergänzt das wollweiße Garn perfekt. Genauso süß wirken die Socken verziert mit dicken Schleifen, denen wir mit Satinröschen und Swarovskistein den letzten Pfiff verliehen haben. Über diese originellen Fußwärmer freut sich bestimmt jeder.

124

Süße Verführung

Zu Weihnachten darf es gern auch mal etwas Besonderes sein, wenn wir zu einem Nachmittag bei Kaffee und Kuchen einladen. Mit Liebe zum Detail dekoriert, heißt jeder Platz unsere Gäste willkommen. Der gestickte Läufer kommt auf dem Holztisch besonders gut zur Geltung. Paradestück auf der festlich gedeckten Tafel ist aber der aufwendig verzierte Kuchen in Herzform – der auch noch ganz köstlich schmeckt.

Zutaten:
200 g fein gemahlene Mandeln • 6 Eier • 1 unbehandelte Zitrone • 200 g Rohrzucker
1 EL Zucker • • Butter und Semmelbrösel für die Form • Rote Zuckerkugeln • Weiße und grüne Zuckerschrift • Marzipanrose und Herzen • Vollmichschokoladenkuvertüre

Fünf Eier trennen und die Schale der Zitrone abreiben. Den Rohrzucker, die abgeriebene Zitronenschale, 5 Eigelb, sowie das ganze Ei in eine Schüssel geben und 5 Minuten verrühren. Anschließend die Mandeln unterrühren. Aus dem Eiweiß Eischnee schlagen und einen Löffel Zucker zugeben. Den Eischnee in die Teigmasse unterheben. Alles in die gefettete und mit Bröseln ausgestreute Herzbackform geben und bei 175 ° Grad ca. 40 Minuten backen. Nach dem Abkühlen den Kuchen aus der Form geben. Mit Kuvertüre überziehen und hübsch dekorieren.

Ein Herz für Greta

Auch unsere Gans Greta hat sich für das Fest fein gemacht. Mit Pilzherzchen und Pünktchenschleife sieht sie ganz entzückend aus.

Schlichte, weiße Kerzenständer aus Holz haben wir mit roten Akzenten versehen. Gepunktetes Schleifenband und kleine bestickte Leinenherzen geben ihnen eine verspielte Note. Ein schönes Ensemble.

Im Winterwald

Mit unserem hinreißenden Arrangement in zwei Ziertöpfen kommt festliche Vorfreude auf. Rottöne heben die feierliche Stimmung, süße Details verzaubern den Betrachter dieser Gesamtkomposition. Aus Tannenzweigen, Moos und kleinen Ästen haben wir eine kleine Landschaft dekoriert, in der sich Waldbewohner wie zarte Glasvögel und lustige Fliegenpilze zu Hause fühlen.

128

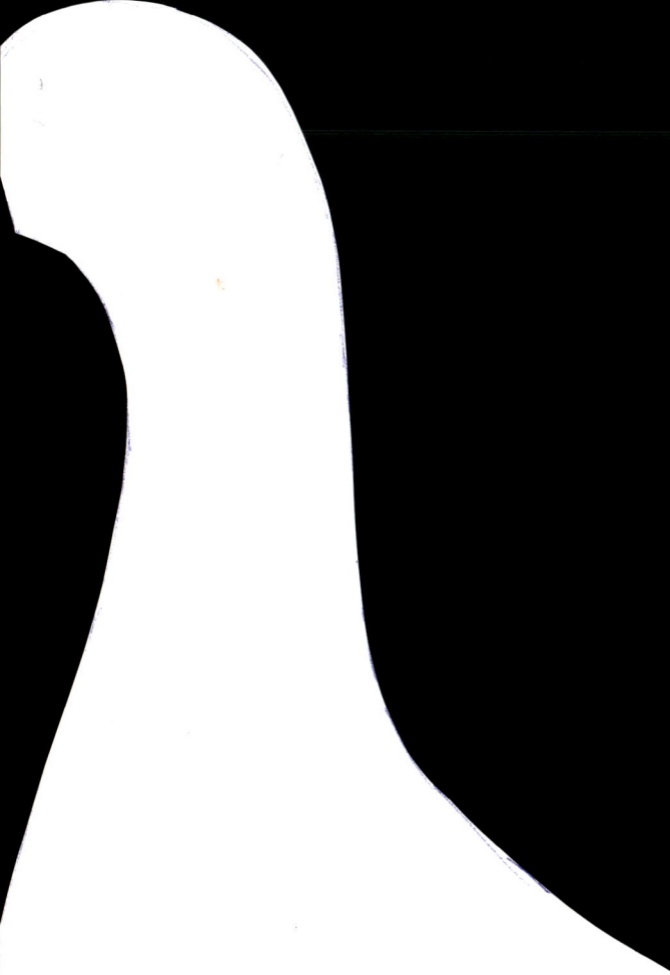

Frohe Weihnacht

Liebevolle Dekorationen verdoppeln die Vorfreude auf das schönste Fest des Jahres. Darum investieren wir gern etwas Zeit in außergewöhnliche Gestaltungen wie diesen Türschmuck. Knorrige Äste sind mit Tannengrün zu einem lockeren Kranz gebunden, den wir mit Dekoäpfeln, Rosenblüten und zarten Schleifen geschmückt haben. Unsere guten Wünsche übermittelt das schön bemalte Glasherz.

Puschenzauber

Wer so bezaubernde Hausschuhe trägt, will am liebsten gar nicht mehr vor die Tür. Die kuscheligen Filzpantoffeln haben wir mit kleinen Accessoires bestückt und so zu fröhlichen Unikaten gemacht. Ein kleines Herz mit Hirschkopf, in Petit-Point-Technik gestickt, steht im Mittelpunkt der Verzierung. Während auf dem linken Schuh kleine Satinröschen das Bild umrahmen, ist das rechte Exemplar mit rotem Kordelband und Swarowskiherz verziert. Als Blickfang in der Diele warten sie auf ihren wärmenden Einsatz.

131

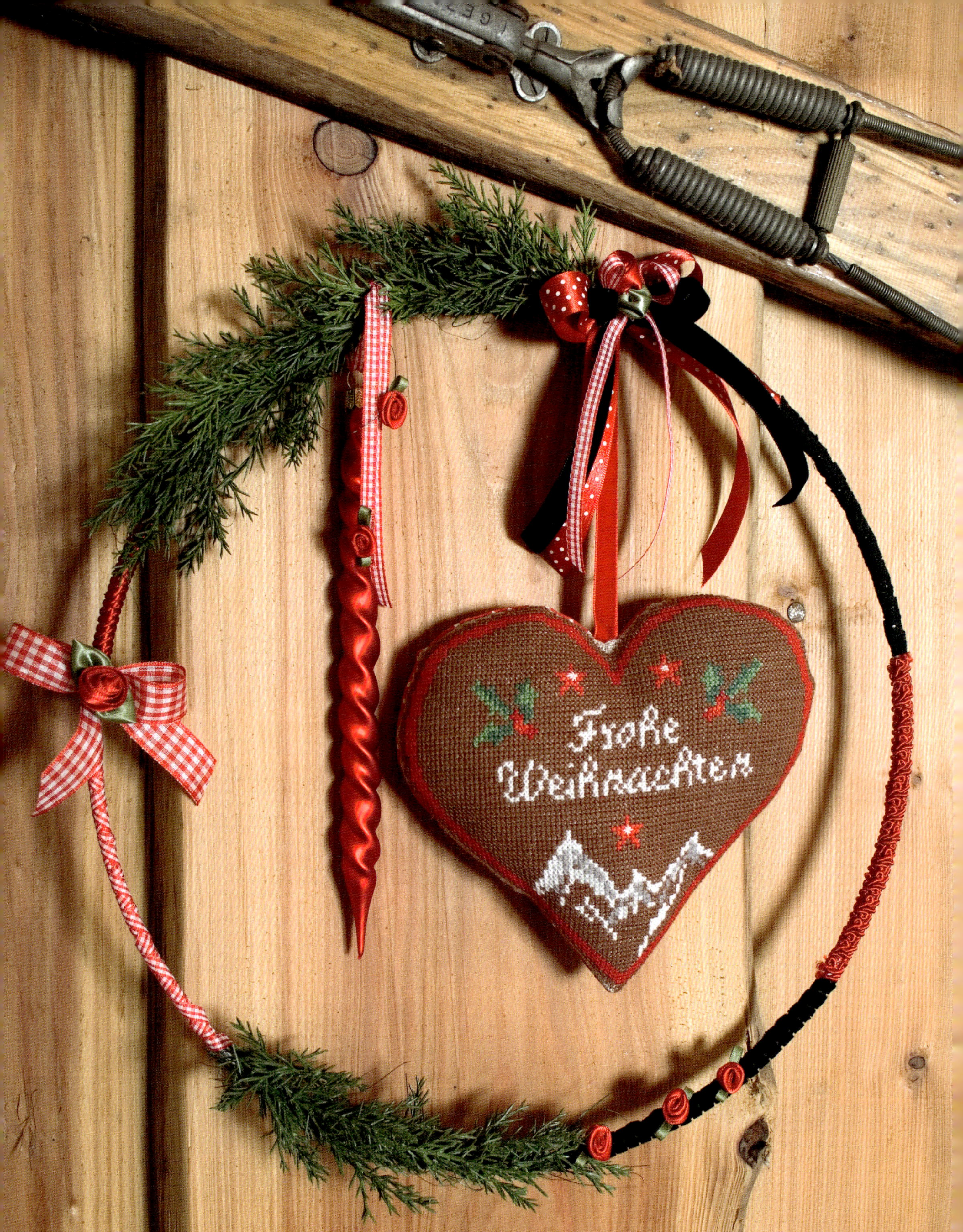
Frohe
Weihnachten

Weihnacht im Herzen

Gestickte Weihnachtsgrüße verzaubern den Betrachter. Erst auf den zweiten Blick erkennt er, mit wie viel Einfühlung wir diesen filigranen Kranz gebunden haben. Im Wechsel sind verschiedene Schmuckbänder in rot, schwarz und rot-weißem Karo um die runde Form gewickelt. Sie geben dem Kranz Struktur und lassen ihn lebendig wirken. Tannengrün ergänzt den weihnachtlichen Farbreigen. Zauberhafte Details wie ein Glashänger, kleine Satinröschen und farblich passende Schleifen lassen diesen Kranz leuchten.

134

Überraschung

In den letzten Tagen vor dem Heiligen Abend wächst die Spannung ins Unermessliche. Überall im Haus hört man es rascheln und flüstern. Jeder tut ganz geheimnisvoll. Und dann ist der Moment der Bescherung endlich gekommen. Wir können unsere Geschenke übergeben, die wir zuvor mit viel Liebe, Feingefühl und Beobachtungsgabe ausgesucht haben.

Dass wir uns für die, die wir lieben, ganz besondere Mühe gegeben haben, zeigt auch die aufwendige Verpackung unserer Gaben. Statt mit Geschenkpapier haben wir alle Präsente mit wunderschön-gemusterten Baumwollstoffen in Weihnachtsrot verpackt. Festliche Schmuckbänder, Schleifen und andere dekorative Details zieren die Pakete. Als süße Hingucker haben wir außerdem handbemalte Holzfiguren eindekoriert.

Prachtstücke

Mit viel Liebe und Sorgfalt haben wir den Weihnachtsbaum dekoriert. Unsere wunderschönen, zum Teil sehr ungewöhnlichen Glasanhänger, die uns bereits zu vielen Deko-Ideen inspiriert haben, sind hier alle auf einmal versammelt. Fliegenpilz, Herz, Rose, Tannenzapfen und vieles mehr: Schön leuchten die Farbtupfer im tiefen Grün der Tanne.

ganz klein hat es angefangen

ganz klein hat es angefangen
das Große
klein und alltäglich und gewöhnlich

eine Frau gebiert ein Kind
ein Mann steht daneben
von Idylle keine Spur

sehr einfach
sehr arm
sehr schwierig

dass es gerade so angefangen hat
und nicht in Samt und Seide und Purpur
nicht perfekt

ach
dass Du Dich aufgemacht hast
in das Kleine und Alltägliche und Gewöhnliche

zu mir
in mein Leben
um mein Heiland zu werden

das ist so groß!

Arndt H. Menze

Grundanleitungen

Sticktechniken

Stickleinen

Das von uns verwendete Leinen ist ein in Kette und Schuss relativ gleichmäßiges Gewebe, d. h., die gestickten Kreuze werden quadratisch. Die Leinenbreitware misst 12 Fäden pro Zentimeter, das Leinenband 11 Fäden je Zentimeter. Leinen ist ein Naturmaterial, das beim ersten Waschen noch einläuft. Es empfiehlt sich daher, das fertig bestickte Leinen und den Baumwollstoff vor dem Verarbeiten zu waschen, um ein unregelmäßiges Einlaufen der verschiedenen Materialien zu vermeiden. Leinen läuft beim Waschen bis zu 8 % ein, Baumwollstoff ca. 3 %. Die in diesem Buch verarbeitete Leinenbreitware ist von der Weberei Weddigen und die Leinenbänder sind von der Firma Vaupel & Heilenbeck.

Leinen bügeln

Nach dem Sticken feuchten Sie die Stickerei an und bügeln Sie sie von links trocken.

Stick-Baumwollgarn

Bei diesem Garn handelt es sich um ein einfädiges, reines unmercerisiertes Baumwollgarn. Es ist matt, farb- und lichtecht und bis 60 °C waschbar. Die Motive in diesem Buch sind alle mit deutschem Baumwollgarn der Firma Vaupel & Heilenbeck gestickt.

Sticknadel

Eine Sticknadel hat in der Regel keine Spitze, um die Gewebefäden nicht anzustechen. Wir empfehlen eine Nadel der Größe 24 oder 26. Für den Knötchenstich raten wir Ihnen zu einer Nadel mit Spitze, um gegebenenfalls durch schon besticktes Leinen zu stechen.

Größenermittlung einer Stickerei

Die Größen in diesem Buch sind in „Breite x Höhe" angegeben. Auf 12-fädigem Leinen ergeben 6 Kreuze einen Zentimeter. Auf 11-fädigem Leinen werden 5,5 Kreuze pro Zentimeter gestickt. Um die Größe einer Stickerei zu ermitteln, teilen Sie die Gesamtkreuze (Breite und Höhe) durch die Kreuze pro Zentimeter und Sie erhalten die gestickte Größe. Beispiel: 120 x 60 Kreuze / 12-fädiges Leinen = 20 x 10 cm oder 120 x 60 Kreuze / 11-fädiges Leinen = 22 x 11 cm.

Platzierung der Stickerei

Die Stickerei wird, sofern nicht anders angegeben, in die Mitte des Leinenstücks gestickt. Dafür ermitteln Sie die Mitte des Leinens und des Stickmusters. Markieren Sie die Leinenmitte mit einem Reihfaden oder einer Stecknadel und zählen Sie von dort bis zum Rand des Stickmusters, wo Sie beginnen möchten. Zwei Fäden ergeben ein Kreuz bzw. ein Kästchen im Stickmuster.

Verwendung der Stickmuster für Petit Point und Kreuzstich

Die abgebildeten Stickmuster können im Kreuzstich sowie im Petit Point gestickt werden. Beim Petit Point und auch beim Kreuzstich wird ein Kästchen als ein Stich angesehen. Ein Motiv, welches im Petit Point gestickt ist, ergibt sich um die Hälfte kleiner auf dem Leinen, als ein Motiv im Kreuzstich.

Kreuzstich

Dieser Stich wird über zwei Gewebefäden gearbeitet. Er wird in hin- und hergehenden Reihen gestickt. In der Hinreihe werden die Grundstiche von links unten nach rechts oben über zwei Gewebefäden ausgeführt. In der Rückreihe werden die Deckstiche gesetzt. Sie werden von rechts unten nach links oben ausgeführt. Wird das Muster durch eine andere Farbe unterbrochen, wird der Zwischenraum durch einen längeren Schrägstich übergangen. Dieser sollte nicht länger als drei Kreuze sein.

Steppstich

Dieser Stich wird von rechts nach links gearbeitet. Dabei wird von unten durch das Leinen ausgestochen, die Nadel um die gewünschte Stichlänge nach rechts eingestochen und um die doppelte Stichlänge nach links zurückgestochen. Dann wird wieder in die letzte Ausstichstelle eingestochen und in doppelter Stichlänge die Nadel nach oben ausgestochen.

Halber Kreuzstich

Beim halben Kreuzstich wird das Kreuz über zwei Gewebefäden nach rechts und einen Gewebefaden nach oben gestickt bzw. über einen Gewebefaden nach rechts und zwei Gewebefäden nach oben.

Knötchenstich

Dieser Stich liegt plastisch auf dem Stoff oder auf dem schon bestickten Leinen. Dafür stechen Sie von unten durch das Leinen nach oben aus. Halten Sie den Faden mit dem linken Daumen und Zeigefinger fest und winden Sie ihn zwei- bis dreimal um die Nadel. Diese Schlingen ziehen Sie ganz dicht an das Leinen und führen die Nadelspitze in ein Nachbarloch der Ausstichstelle zurück. Greifen Sie nun mit dem linken Zeige- und Mittelfinger unter dem Leinen nach der Nadel und lassen Sie den Faden langsam durch die Finger gleiten. Der Faden zieht sich zu einem Knötchen zusammen.

Petit Point

Der Stich wird auf der Vorderseite über einen Gewebefaden gestickt. Dabei wird von hinten der Faden von links unten ausgestochen und vorne nach rechts oben eingestochen(siehe Abb.). Von der Rückseite aus wird über zwei Gewebefäden wieder links unten eingestochen. Anders als beim Kreuzstich wird somit von rechts nach links gestickt.

Da der Faden auf der Rückseite über zwei Gewebefäden geführt wird, ist die Stickarbeit auf der Rückseite dicker als auf der Vorderseite. Der Petit Point verleiht der Stickerei Plastizität.

Der Petit Point kann auch in umgekehrter Richtung erfolgen, wobei die Nadel auf der Vorderseite oben rechts ausgestochen und auf der Rückseite unten links wieder eingestochen wird.

Stickstiche im Überblick

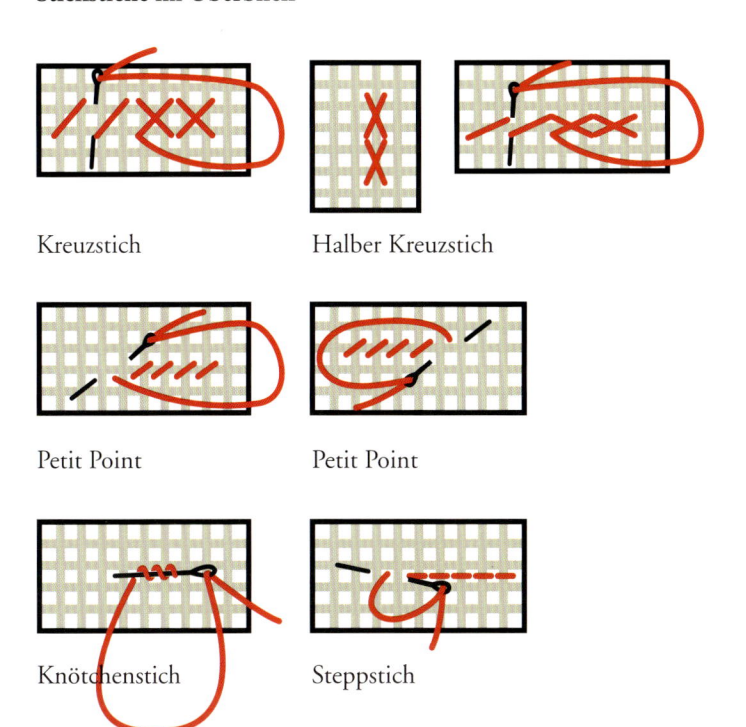

Kreuzstich

Halber Kreuzstich

Petit Point

Petit Point

Knötchenstich

Steppstich

Nähtechniken

Materialzuschnitt

Um ein flüssiges Arbeiten zu gewährleisten, werden die zu verwendenden Materialien im Vorfeld laut Angabe oder Schablonen zugeschnitten. Leinen wird fadengerade geschnitten. Hierfür ziehen Sie zur Hilfe einen Faden an gewünschter Stelle aus dem Gewebe heraus und schneiden daran entlang. Baumwollstoff wird optimal auf einer Schneidematte mit dem Rollschneider geschnitten. Karierte oder gestreifte Baumwolle wird mit der Schere am Muster entlang geschnitten.

Zuschneidemaß

Alle Maße und Maßangaben in diesem Buch sind einschließlich Nahtzugabe. Die Nahtzugabe ist an jeder Stoffseite nähfußbreit, das entspricht 0,75 cm Nähfußbreite. Der Stoff wird so unter dem Nähfüßchen der Maschine hergeführt, dass die Stoffkante rechts vom Nähfuß gerade noch sichtbar ist. Dabei ist die Nadel auf die mittlere Position eingestellt.

Aufbügeln der Vliese

Zum Aufbügeln der Vliese mit Haftfilm legen Sie die beschichtete Seite auf die linke Seite des Stoffs, decken sie mit einem feuchten Tuch ab und drücken das Bügeleisen etwa 15 Sekunden auf. So verfahren Sie mit der gesamten Fläche.

Zuschnitt der Vliese

Das Vlies ist im Zuschnitt nicht mit angegeben. Das Vlies mit Klebepunkten zum Aufbügeln wird auf die Stoffzuschnitte gebügelt und danach bündig abgeschnitten. Für Arbeiten, die gequiltet werden, wird das Vlies mit einem Überstand von 3-5 cm zugeschnitten, da sich beim Quilten das Vlies ein wenig zusammenzieht.

Verarbeitung von Seide und Leinen beim Nähen

Da Seide und Leinen schnell aufribbelt, empfiehlt es sich, diese vor der Verarbeitung mit weicher, leichter Vlieseline zu hinterbügeln.

Grundanleitungen

Hotelverschluss

Ein Hotelverschluss ist eine Alternative zum Reißverschluss für das Rückenteil eines Kissens. Wenn das Vorderteil aus einem Patchworkteil besteht, wird das Rückenteil aus zwei Teilen genäht, die sich ca. 20 cm überlappen. Bei einer Kissengröße von 60 x 30 cm benötigen Sie für das Rückenteil zwei Zuschnitte von 61,5 x 50 cm. Für das Vorderteil benötigen Sie 61,5 x 31,5 cm. Bügeln Sie die zwei Zuschnitte für das Rückenteil auf die Hälfte, sodass eine Größe von 61,5 x 25 cm entsteht. Das eine Stück rechts auf rechts mit der Öffnung an die obere Seite des Vorderteils und das andere Stück an die untere Seite des Vorderteils annähen. Die zwei Seiten mit einer Seitennaht schließen.

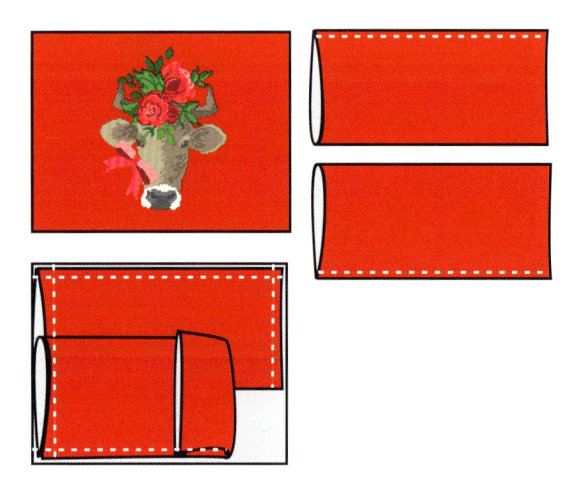

Tunnelaufhängung

Für die Aufhängung eines Behangs nähen Sie an den Rückseitenstoff einen Tunnel. Dafür verwenden Sie einen Stoffstreifen in der Länge etwas kürzer als der Wandbehang und in der Breite ca. 8 cm. Schlagen Sie den Streifen an beiden breiten Seiten um 1,5 cm nach links um und nähen Sie die Kante zu. Bügeln Sie ihn anschließend rechts auf rechts auf die Hälfte und nähen ihn zusammen. Wenden Sie ihn auf rechts und bügeln Sie ihn erneut. Nähen Sie ihn nun an der oberen und unteren Kante mittig auf den Rückenstoff. An einen durch den Tunnel geschobenen Stab wird der Behang aufgehängt.

Herzen

Bügeln Sie hinter Seide und Leinen für Vorder- und Rückenteil Vlieseline, um ein Ausfransen zu vermeiden. Legen Sie Vorder- und Rückenteil rechts auf rechts aufeinander und übertragen Sie die entsprechende Herzschablone auf die linke Seite des Vorderteils. Dabei ist es wichtig, dass ggf. die Stickerei mittig unter der Schablone liegt. Legen Sie die Satinbänder für die Aufhängung jeweils auf die Hälfte und schieben Sie sie seitlich zwischen die Stofflagen. Dabei liegen die Satinbänder innen. Nähen Sie nun an der eingezeichneten Umrisslinie bis auf eine Wendeöffnung entlang und schneiden Sie sie mit einer Nahtzugabe von 1 cm aus. Die Nahtzugabe schneiden Sie im Abstand von 1 cm bis kurz vor die Naht ein. Wenden Sie die fertigen Teile, bügeln Sie sie und füllen die Herzen mit Füllwatte. Schließen Sie die Wendeöffnungen mit kleinen Saumstichen und nähen die Herzen mit kleinen Stichen aneinander.

Rosen

Für die Blüte falten Sie einen Stoffstreifen in der Länge von 12 x 75 cm längs rechts auf rechts und nähen ihn bis auf eine Wendeöffnung zusammen. Dabei wird der Streifen in auf- und abgehenden Wellen genäht, wie Abb. 1 zeigt. Schneiden Sie den überschüssigen Stoff ab. Wenden und bügeln Sie den Streifen und schließen Sie die Öffnung mit kleinen Saumstichen. Steppen Sie mit einem Reihstich an der unteren Kante entlang und ziehen Sie den Faden zusammen, sodass sich der Stoff kräuselt. Beginnen Sie den Stoff an einem Ende zusammenzudrehen. Drehen Sie den Stoff immer ein Stück weiter auf und nähen Sie dies sofort mit ein paar Stichen fest. So verfahren Sie mit dem gesamten Streifen, bis er komplett aufgewickelt ist. Fixieren Sie das Ende ebenfalls mit Saumstichen.

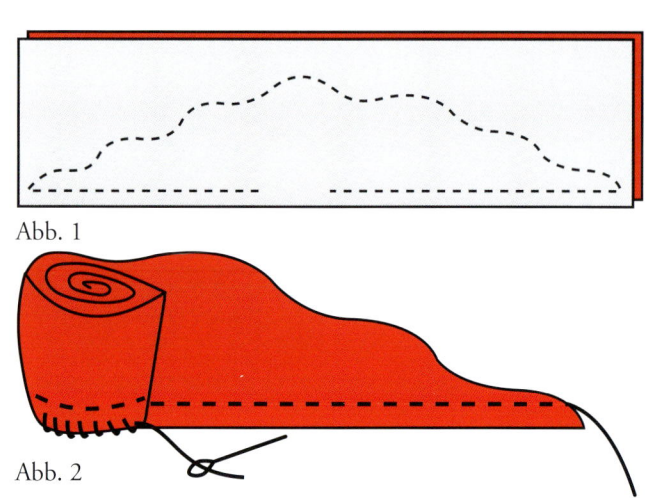

Abb. 1

Abb. 2

Briefecken

Bügeln Sie zuerst alle Kanten 1,5 cm auf die linke Stoffseite um. Bügeln Sie diese umgeklappten Kanten nochmals 2,5 cm um. Falten Sie die obere gebügelte Kante wieder auf. Die erste Kante bleibt umgeklappt. Falten Sie die Ecke in Richtung zur Mitte der linken Stoffseite, sodass die Bügelfalten parallel übereinander liegen. Bügeln Sie die umgefaltete Ecke. Klappen Sie die Kante wieder auf. Falten Sie den Stoff rechts auf rechts zusammen, sodass die Bügelfalten der zuvor umgebügelten Ecken genau übereinander liegen. Fixieren Sie diese mit Stecknadeln. Nähen Sie nun genau an der Bügelfalte entlang. Schneiden Sie sowohl die abgenähte Ecke als auch die Spitze der Nahtzugabe bis auf 0,5 cm zurück. Die Ecke auf die linke Stoffseite umwenden. Ziehen die Ecken vorsichtig mit Hilfe einer Nadel heraus. Verfahren Sie ebenfalls mit den weiteren drei Ecken. Bügeln Sie den entstandenen Saum und nähen Sie ihn knappkantig mit der Maschine ab.

Patchwork

Beim Patchwork werden mehrere Stoffe zu einem Ganzen zusammengefügt. Es können Streifen, Quadrate, Rechtecke oder Dreiecke in beliebiger Größe zugeschnitten und in Streifen aneinandergenäht werden, die wiederum zusammengenäht ein Ganzes ergeben.

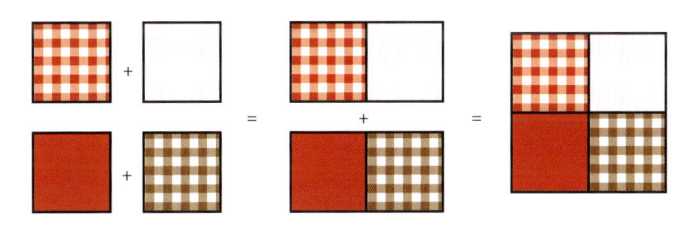

Quilt

Ein Quilt besteht aus einem gepatchten Oberteil, einer Zwischenlage aus Vlies und der Rückseite. Diese drei Lagen werden durch kleine Quiltstiche zusammengehalten. Ein Verschieben der drei Lagen wird so verhindert und der Quilt wirkt plastischer. Gequiltet wird mit einer dünnen Nadel und einem speziellen Handquiltgarn, das sich durch Wachsbehandlung nicht kringelt. Die Quiltstiche können ein eigenes Muster bilden, das vorher mit einer Schablone aufgezeichnet wird. Quilten können Sie auch direkt in der Naht oder 0,5 cm neben der Nahtlinie.

Zusammenfügen von Vorder- und Rückenteil eines Quilts

Schneiden Sie die Rückseite größer als die Vorderseite und legen Sie diese mit der linken Seite nach oben vor sich auf eine Tischplatte. Das Vlies wird in gleicher Größe wie die Rückseite zugeschnitten und darauf gelegt. Anschließend von der Mitte aus glatt streichen.

Die Oberseite mit der rechten Seite nach oben auflegen und ebenso glatt streichen. Nun von der Mitte aus sternförmig nach außen die drei Lagen mit Sicherheitsnadeln zusammenheften, damit sie während des Quiltens nicht verrutschen. Alternativ können die Lagen auch mit Textilsprühkleber fixiert werden. Beginnen Sie mit dem Quilten von der Mitte aus und arbeiten Sie bis zum Rand. Nach dem Quilten schneiden Sie den Quilt exakt zu und versehen ihn mit einem Rand-Binding. Für Arbeiten, die mit Volumenvlies zum Aufbügeln hinterlegt werden sollen, wird das Vlies sofort auf die Vorderseite der Näharbeit gebügelt. Die Rückseite wird dann, ebenfalls wie das Volumenvlies ohne Klebenoppen, mit Sicherheitsnadeln oder Sprühkleber befestigt.

Grundanleitungen

Rand-Binding

Nach dem Quilten fassen Sie den Behang mit dem Einfassstreifen, dem sogenannten Binding ein. Hierfür nähen Sie einzelne Streifen mit einer Breite von 7 cm mit schrägen Nähten zu einem Band zusammen, das um den ganzen Behang reicht. Schlagen Sie den Anfang im 45° Winkel zur linken Stoffseite ein und falten den Streifen der Länge nach auf die Hälfte, die rechte Seite liegt außen, und bügeln ihn. Legen Sie die Einfassung oben auf den Behang und nähen das Band an. Beginnen Sie die Naht ca. 10 cm hinter dem Band. Vor der ersten Ecke drehen Sie den Behang im 90° Winkel nach links, schlagen den Streifen im 45° Winkel nach oben und falten den Streifen entlang der nächsten Behangkante nach unten. Nähen Sie nun die zweite Kante an. Verfahren Sie so mit allen Kanten. Wenn Sie wieder am Anfang ankommen, schieben Sie das Ende des Einfassstreifens in den gefalteten Anfang. Begradigen Sie nun alle Schnittkanten. Schlagen Sie zum Schluss den Streifen auf die Rückseite und nähen Sie ihn dort von Hand mit feinen Stichen fest.

Einfassungen mit Schrägband

Um eine Näharbeit mit Schrägband einzufassen, klappen Sie das Band auf, stecken es rechts auf rechts an die Außenkante der Näharbeit und nähen es knapp neben der Falzkante zum äußeren Rand hin an. Die Enden nähen Sie mit einer diagonalen Naht aneinander. Falten Sie das Schrägband auf die Rückseite, achten Sie darauf, dass es 2 mm über die Nahtlinie geht und stecken Sie es mit Nadeln fest. Nähen Sie das Band mit feinen Saumstichen auf der Rückseite fest.

Rüschenborte

Eine Rüsche schlagen Sie das vor sich liegende Band von rechts nach links zur Hälfte. Schlagen Sie das Band um die gewünschte Rüschentiefe (z.B. 1 cm) zurück. Schlagen Sie die nächste Rüsche um die gleiche Tiefe nach links und wieder zurück.

Applizieren mit Vliesofix

Für das Applizieren eines Motivs mit Vliesofix übertragen Sie die Umrisse des Motivs mit einem Bleistift seitenverkehrt auf die Papierseite von Vliesofix. Schneiden Sie das Motiv großzügig aus. Legen Sie die beschichtete Seite auf die linke Seite des Stoffs und bügeln Sie das Motiv auf. Schneiden Sie das Motiv exakt aus, ziehen Sie das Trägerpapier ab und bügeln Sie es an der gewünschten Stelle auf. Hierbei ist die beschichtete Seite unten. Die Kanten werden mit einem Knopflochstich fixiert.

Grundanleitungen

Nähstiche

Knopflochstich zum Applizieren
Mit diesem Zierstich werden Motive fest auf dem Hintergrundstoff fixiert. Dabei wird die Nadel etwa 0,5 cm neben dem Motiv von oben nach unten eingestochen, wobei der Faden unter der Nadel unten liegt und festgezogen wird. Dadurch entsteht eine Schlinge, die den Rand des Gewebes sichert.

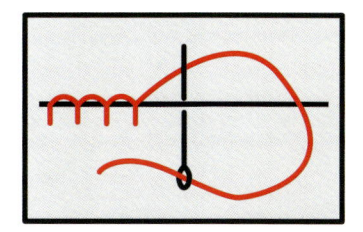

Zickzackstich
Dieser Stich ist eine Alternative für das Applizieren von Hand, da mit ihm die Motive mit der Maschine appliziert und somit fest mit dem Hintergrundstoff fixiert werden können. Dafür stellen Sie an der Maschine den Zickzackstich ein.

Saumstich
Der Saumstich wird z. B. zum Schließen der Wendeöffnung angewandt. Dabei wird die Nadel von rechts in den ersten Stoff gestochen und ein Stück versetzt von links aus dem zweiten Stoff wieder herausgeholt.

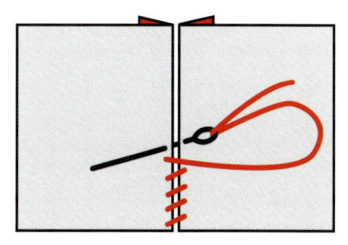

Quiltstich
Der Quiltstich oder auch Reihstich wird von oben in die drei Stofflagen eingestochen und ein Stück versetzt von unten nach oben wieder ausgestochen. Mit diesem Stich lassen sich Muster auf einen Behang quilten, ebenso wird verhindert, dass die drei Stofflagen sich trennen oder verrutschen.

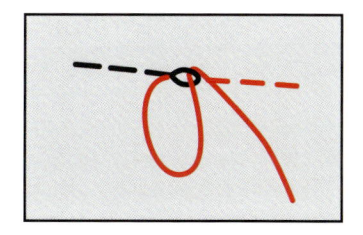

Materialien

Schmuckwebband
Unsere Schmuckwebbänder sind im Kettfaden aus Polyester, im Schussfaden aus Baumwolle gewebt. Dies bedeutet, dass sie beim Waschen einlaufen. Bügeln Sie also das Schmuckband vor dem Verarbeiten feucht von links.

Magnetverschluss
Der Verschluss besteht aus zwei magnetischen Knöpfen, die mit Metallklammern am Futterstoff der Tasche befestigt werden. Auf der rechten Stoffseite wird die Stelle markiert, an welcher der Verschluss angebracht werden soll. Auf der betreffenden Stelle der linken Stoffseite wird ein kleines Stück Volumenvlies aufgebügelt. Die markierte Stelle wird mit zwei kleinen Schlitzen versehen, durch die die Metallklammern durchgesteckt werden. Die Befestigungsscheibe wird aufgesetzt und die Klammern werden auseinandergebogen. Das Gegenstück wird auf die gleiche Weise befestigt.

Wasserlöslicher Stift
Zum Aufzeichnen von Schablonen können Sie einen wasserlöslichen Stift verwenden. Mit Wasser besprüht, verschwinden die aufgezeichneten Linien wieder.

Kreisschablone
Die Rosetten werden mittels einer speziellen zweiteiligen Kreisschablone erstellt. Mit einer Zugabe von ca. 1 cm wird der Stoff um die Schablone herum abgeschnitten. Dabei wird ein Reihstich rund um die Schablone in die dafür vorgesehenen Löcher gestochen. Am Ausgangspunkt angekommen, wird die Schablone entfernt der Faden zusammengezogen, so dass sich der Stoff in Falten legt und ein geraffter Kreis entsteht. Der Faden wird vernäht.

Schablonen
Um eine Schnittvorlage oder ein Applikationsmotiv auf Stoff übertragen zu können, sind Schablonen sehr vorteilhaft. Die Vorlagen dieses Buches werden z.B. auf durchsichtiges Papier übertragen und von dort auf dünnen Karton gezeichnet, ausgeschnitten und auf den Stoff übertragen. Beim Aufbügeln mit Vliesofix werden sie direkt auf das Trägermaterial abgepaust. Einige unserer Schablonen sind ggf. um die angegebene Prozentzahl auf dem Kopierer zu vergrößern. Die Schablonen sind ohne Nahtzugabe abgebildet. Alle Schablonen gibt es auch als Download auf unserer Internetseite **www.acufactum.de**.

Grundanleitungen

Füllwatte

Herzen und kleinere Kissen werden mit synthetischer Füllwatte ausgestopft. Die Füllwatte verändert sich beim Waschen nur unmerklich.

Volumenvlies

Für Tagesdecken und Wandbehänge, auf denen viel gequiltet wird und die Quiltstiche plastisch hervorkommen sollen, verwenden Sie ein 1,5 cm dickes Volumenvlies. Für Tischdecken, Sets und Taschen verwenden Sie ein dünnes Vlies mit Haftfilm zum Aufbügeln, was den Produkten nur etwas Volumen gibt.

Schabrackenvlies

Dieses Vlies gibt es in verschiedenen Stärken und es verhilft den Näharbeiten zu Stabilität. Es eignet sich für Taschen, die Festigkeit erhalten sollen. Dabei wird das sehr feste Vlies für Bodeneinlagen eingesetzt, während das weniger feste Vlies für Vorder- und Rückenteil verwendet wird, um der Tasche Stand zu geben.

Rauten - Rasterquick

Diese Vlieseinlage hat ein aufgedrucktes Raster im 60° Winkel. Um auf dem Stoff eine plastische Rautenstruktur zu erhalten, wird erst Volumenvlies und dann Rasterquick mit der bedruckten Seide nach oben auf den Stoff gelegt. Anschließend wird auf jeder zweiten Linie in beiden diagonalen Richtungen entlang genäht, so dass sich Rauten ergeben.

Textilkleber

Dieser Kleber wird verwendet, um kleine textile Accessoires auf einen Stoff aufzukleben oder um Borten vor dem Festnähen zu fixieren.

Plusterfarbe

Diese Farbe wird aus der Tube direkt auf den Stoff gegeben. Nach dem Trocknen wird die Farbe mit einem Fön erhitzt oder von hinten mit dem Bügeleisen gebügelt und plustert sich so auf.

Vliesofix

Vliesofix ist ein mit Papier geschützter Haftfilm zum Aufbügeln eines Stoffes auf den anderen.

Die hier verwendeten Materialien finden Sie im Materialindex ab Seite 217.

Kranz „Willkommen" Teil 1

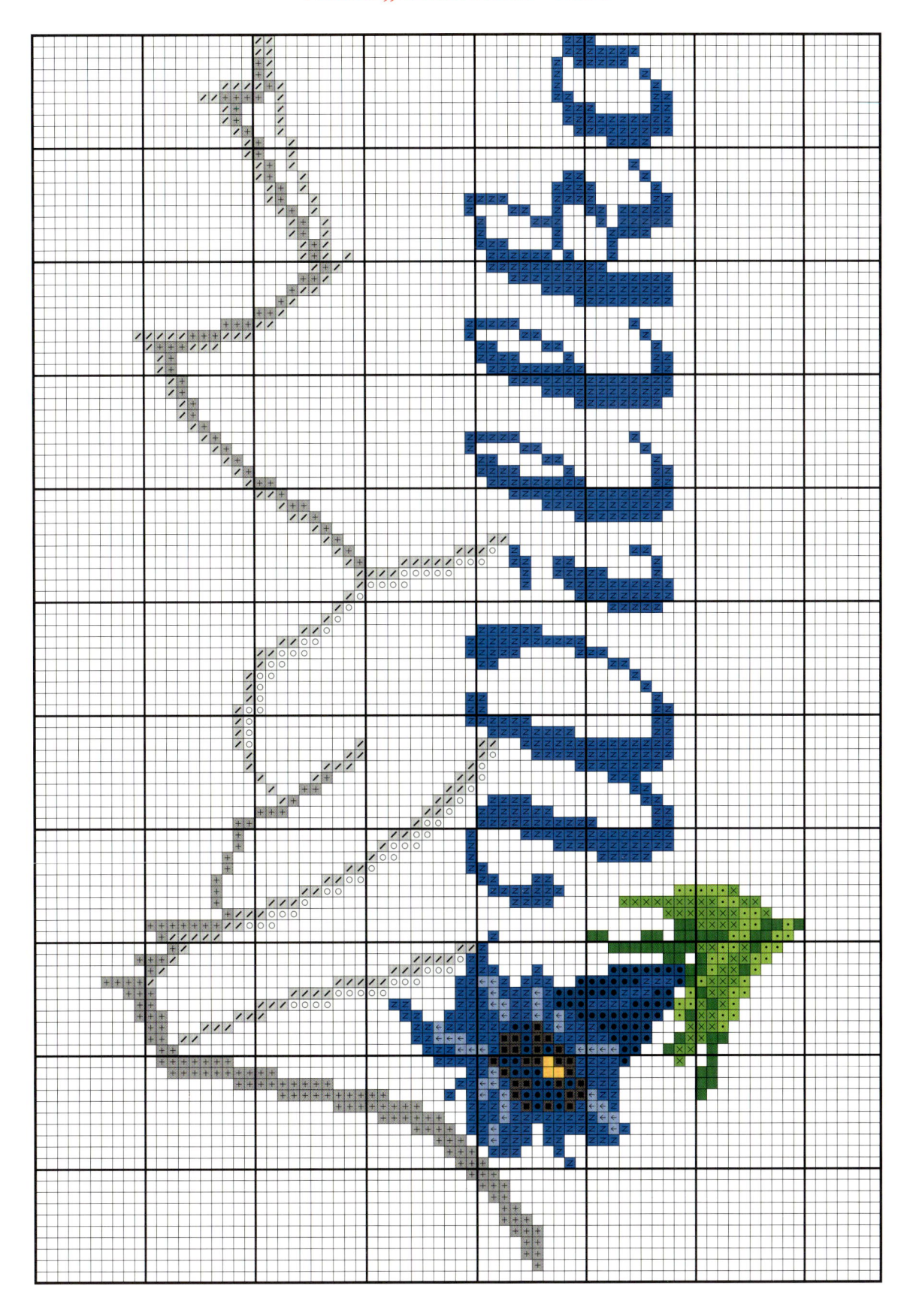

145

Kranz „Willkommen" Teil 2

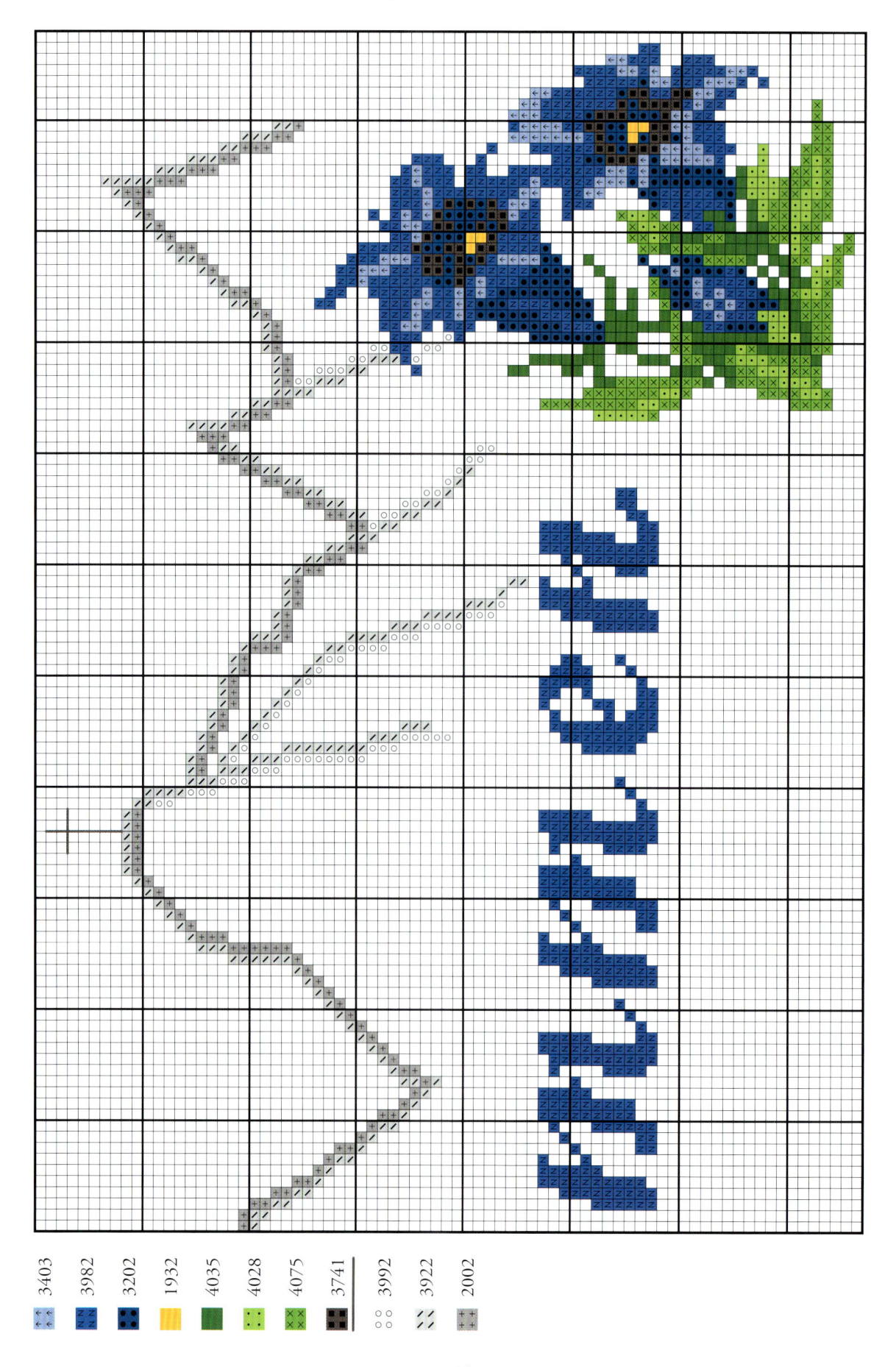

3403 3982 3202 1932 4035 4028 4075 3741 3992 3922 2002

Gamsbock

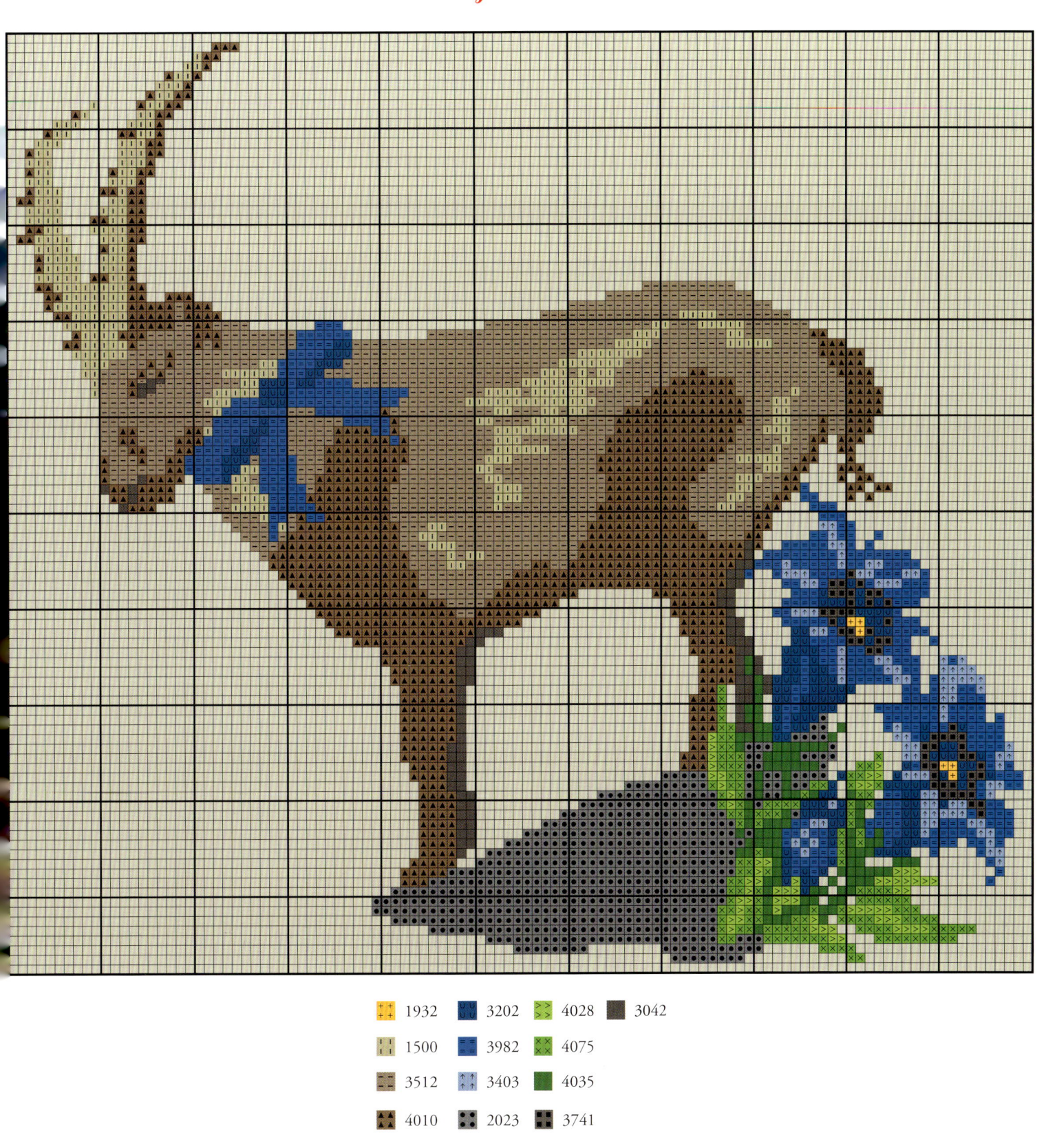

++	1932	u u	3202	> >	4028	■	3042
ǀ ǀ	1500	= =	3982	× ×	4075		
− −	3512	↑↑	3403		4035		
▲▲	4010	••	2023	■■	3741		

Tasche „I mog di"

148

Fensterband

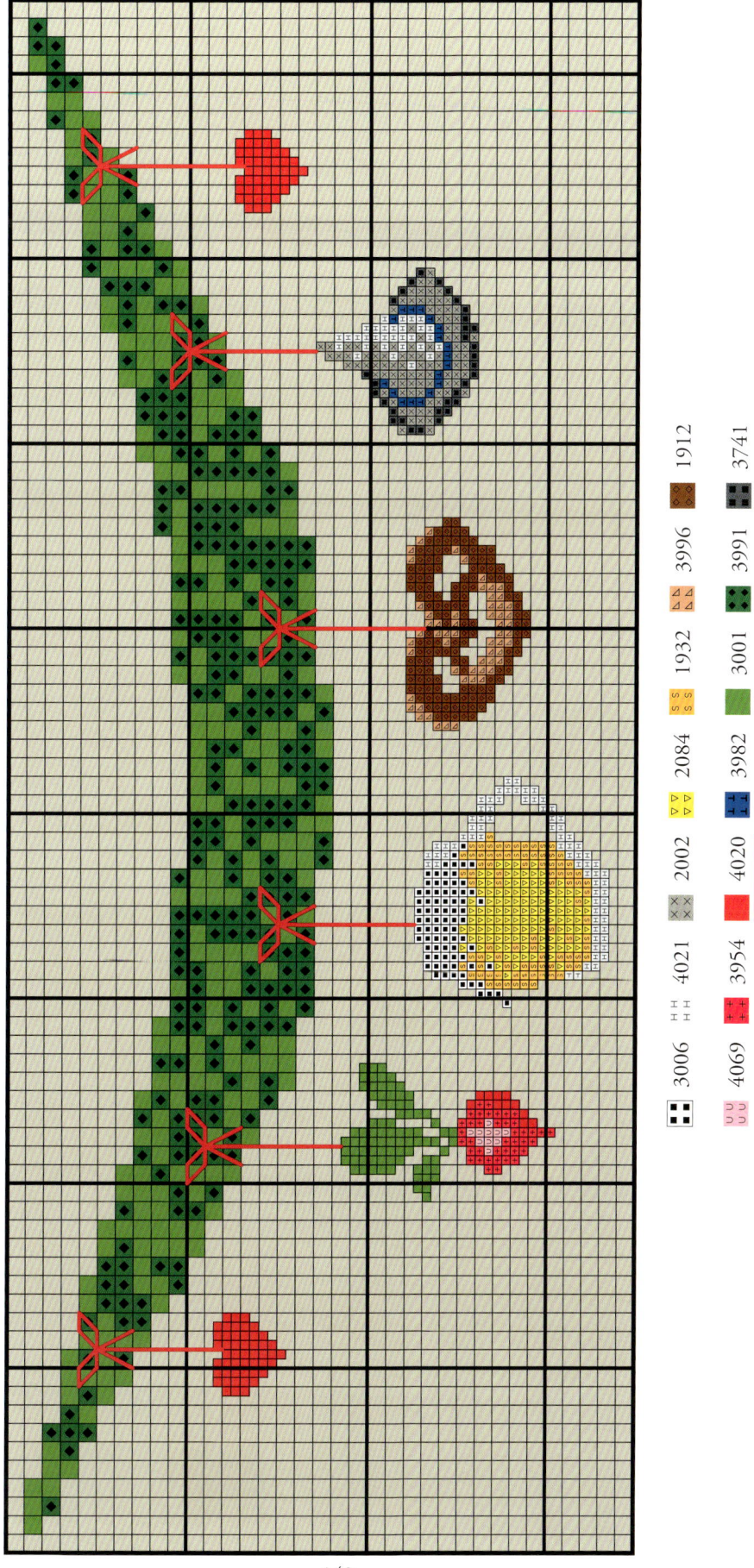

149

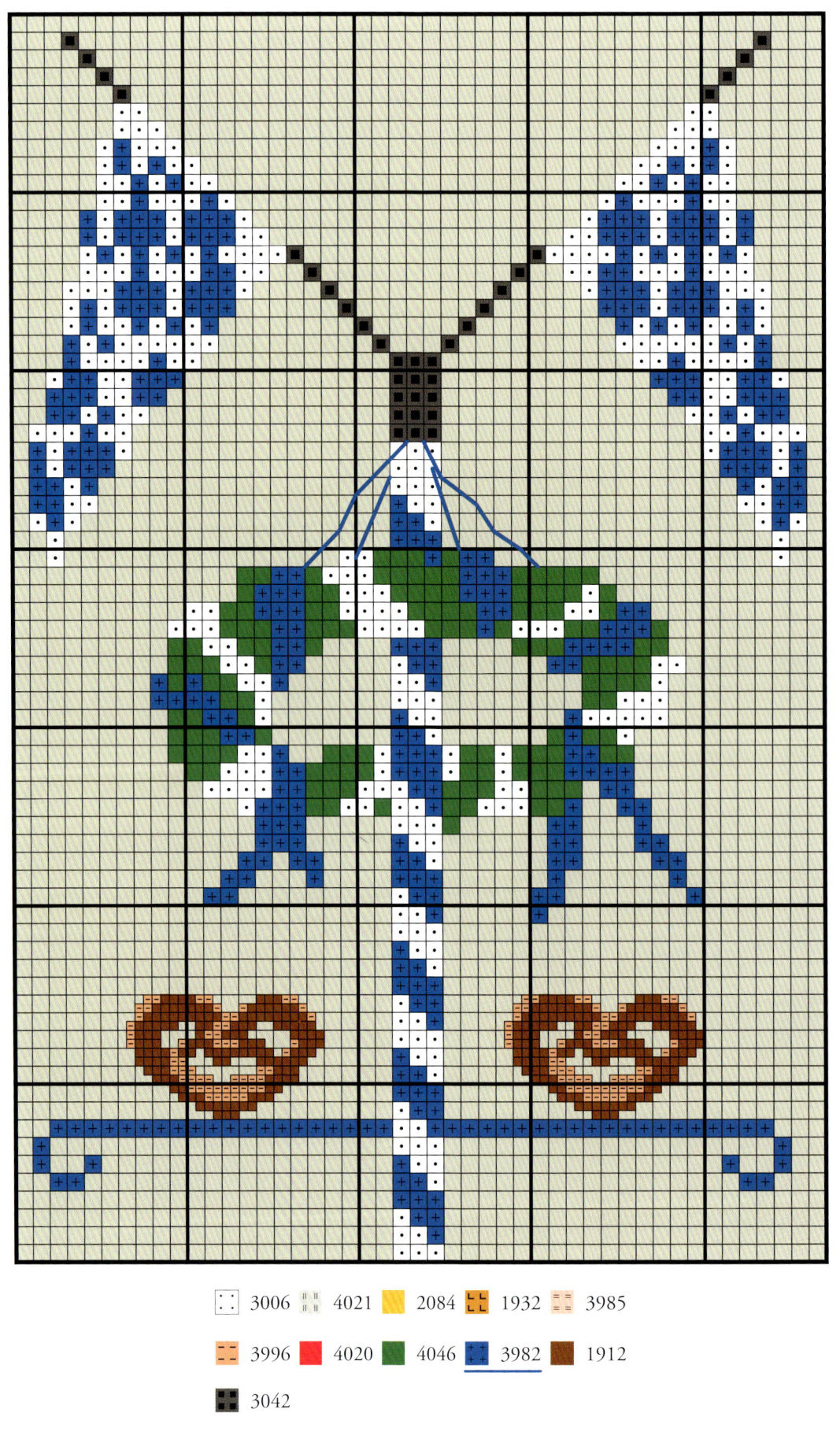

Wandbehang „Maibaum" Teil 1

⋯ 3006 ‖ 4021 ■ 2084 ⌐ 1932 ⁼ 3985

⌐ 3996 ■ 4020 ■ 4046 + 3982 ■ 1912

■ 3042

150

Wandbehang „Maibaum" Teil 2 + 3

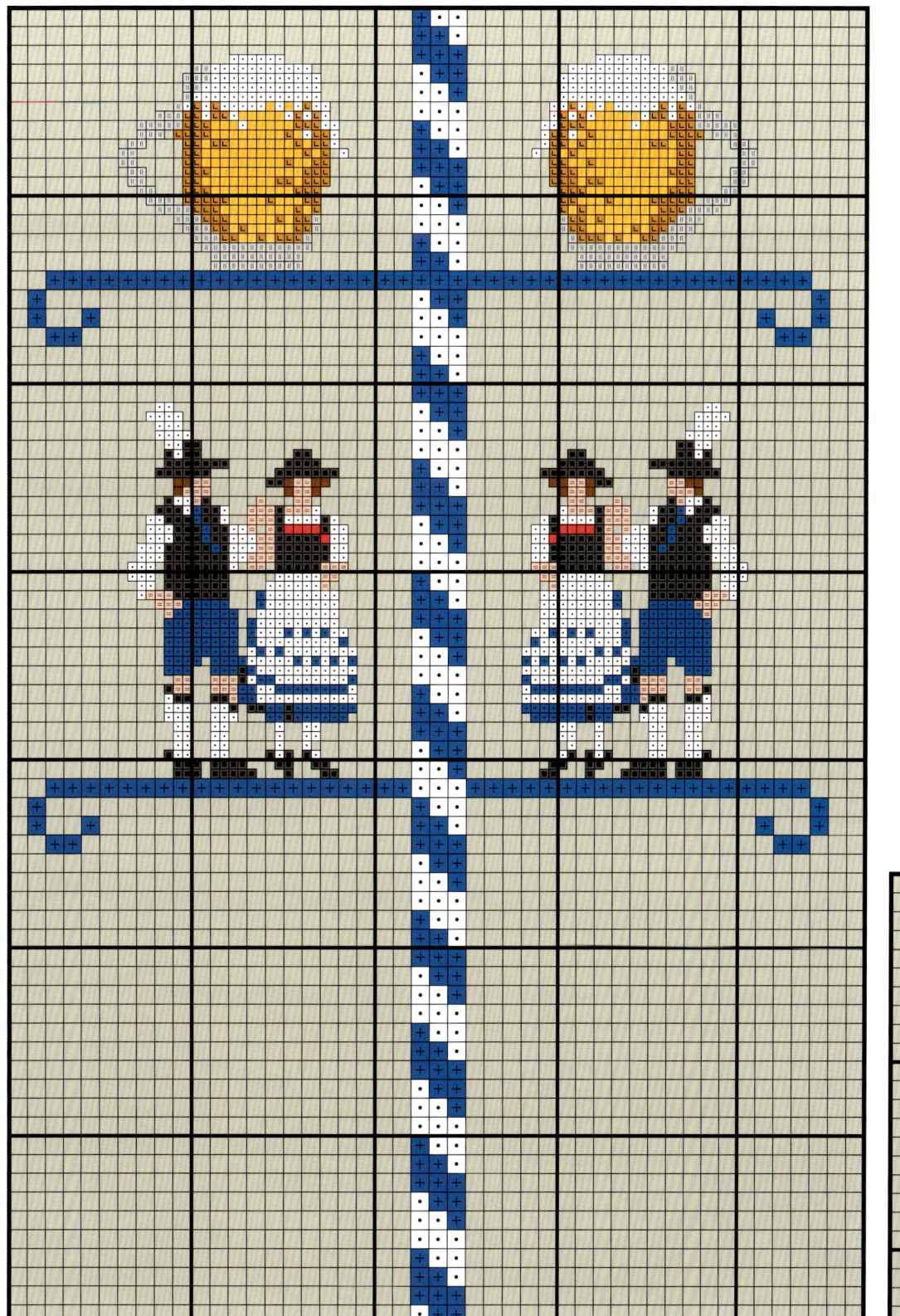

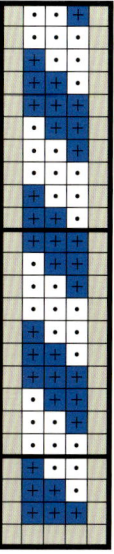

Edelweiß & Enzian

symbol	color	symbol	color	symbol	color
- -	3006	> >	4028	↑ ↑	3403
u u	4021	× ×	4075	N N	3982
■	2084	■	4035	• •	3202
••	1912	■	3741		

Kissen „Ma cherie"

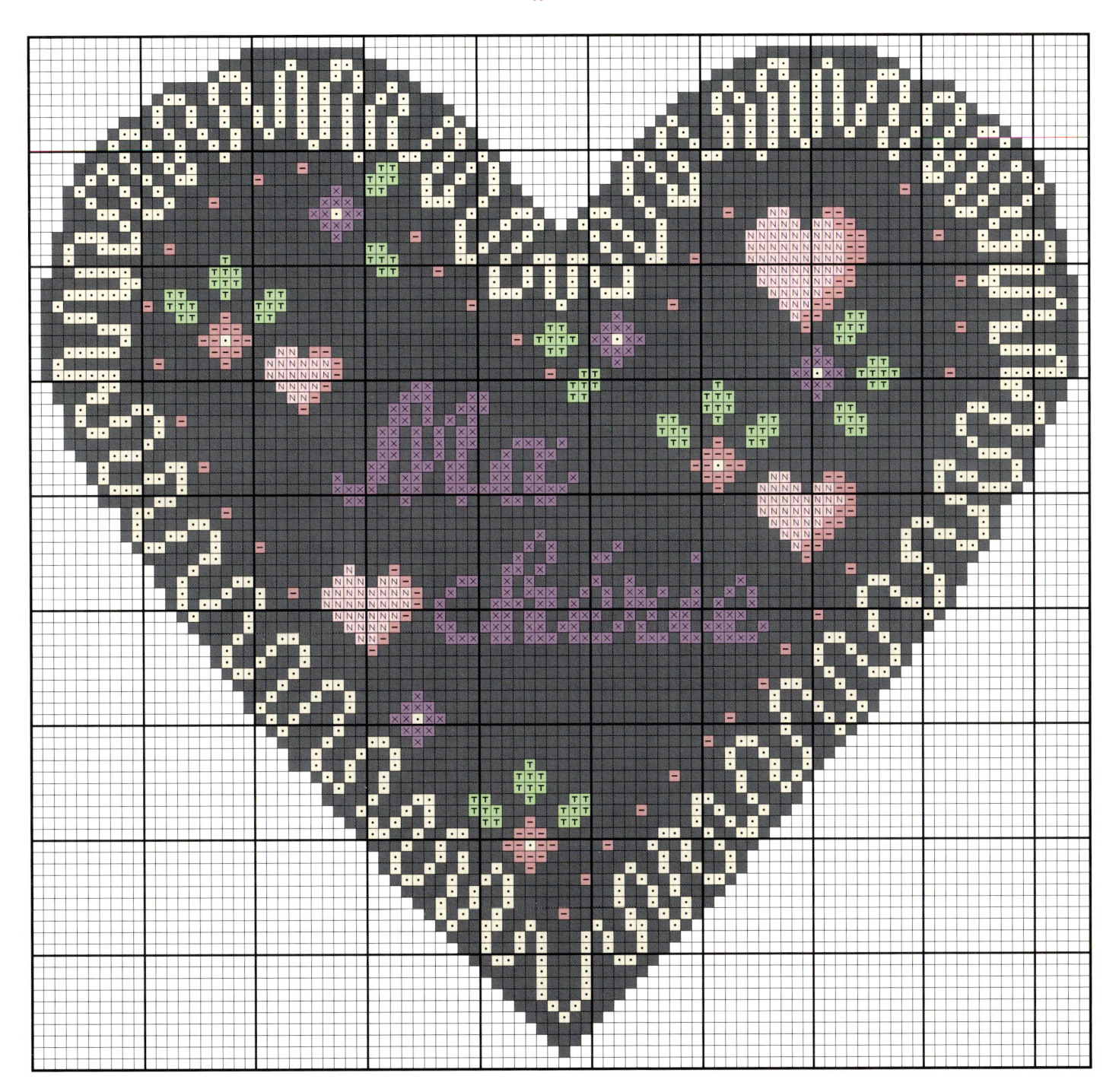

:: 1000   TT 2099   NN 4053   ×× 3332   -- 4054   ■ 3042

153

Kuh & Schwein mit Rehkitz & Ziege

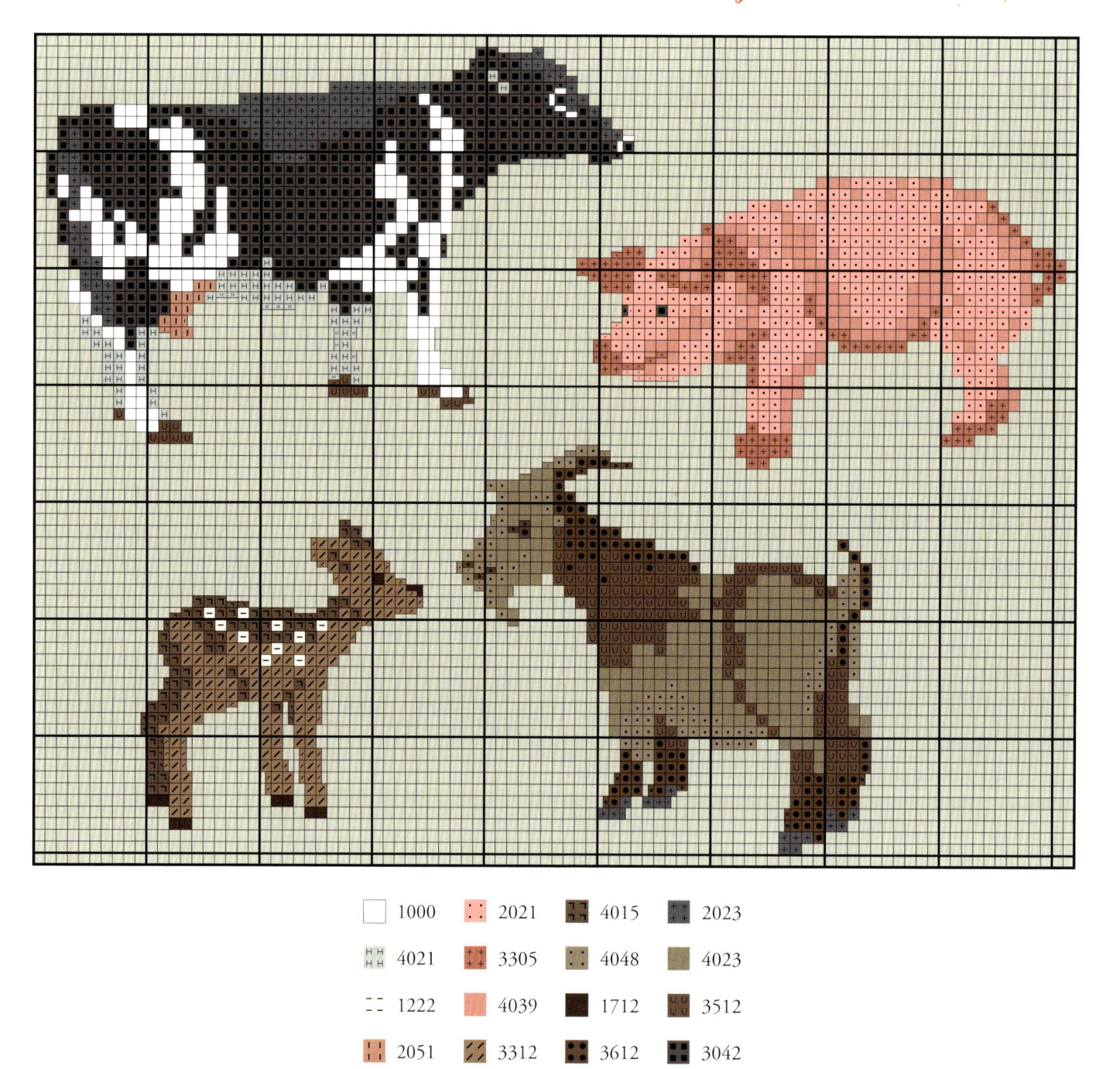

☐	1000	∴	2021	■	4015	+	2023
H	4021	+	3305	·	4048	■	4023
=	1222	■	4039	■	1712	U	3512
I	2051	∕	3312	■	3612	■	3042

154

Tischdecke „Hirsch im Rosenherz"

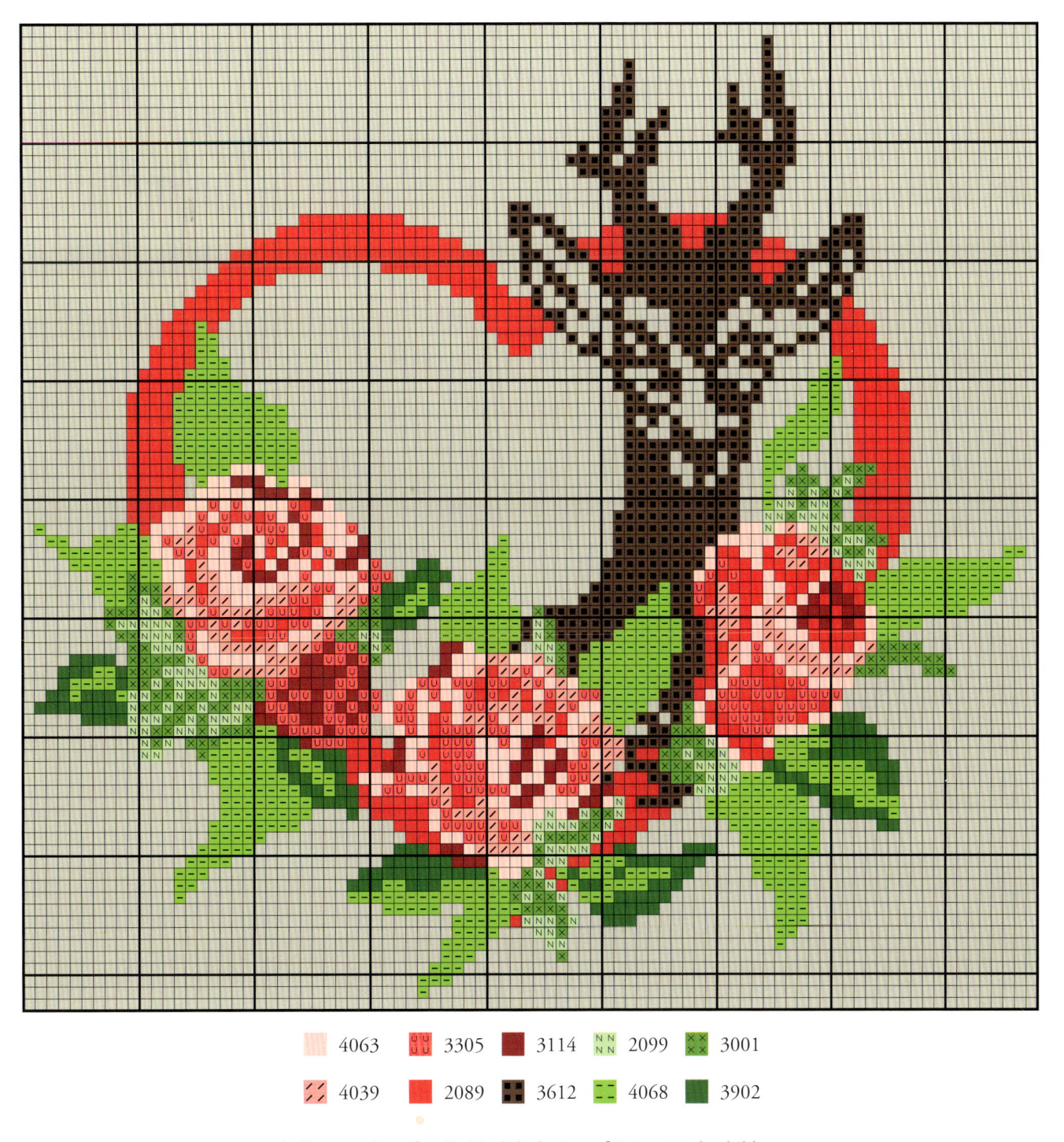

	4063		3305		3114		2099		3001
	4039		2089		3612		4068		3902

Das helle Rosenherz für die Tischdecke ist auf Seite 159 abgebildet.

Tasche „Für Dich"

+ +	- -		L L	U U		
+ + 3006	- - 3967	4054	L L 2089	U U 3101	4015	

Wandbehang „I mog di"

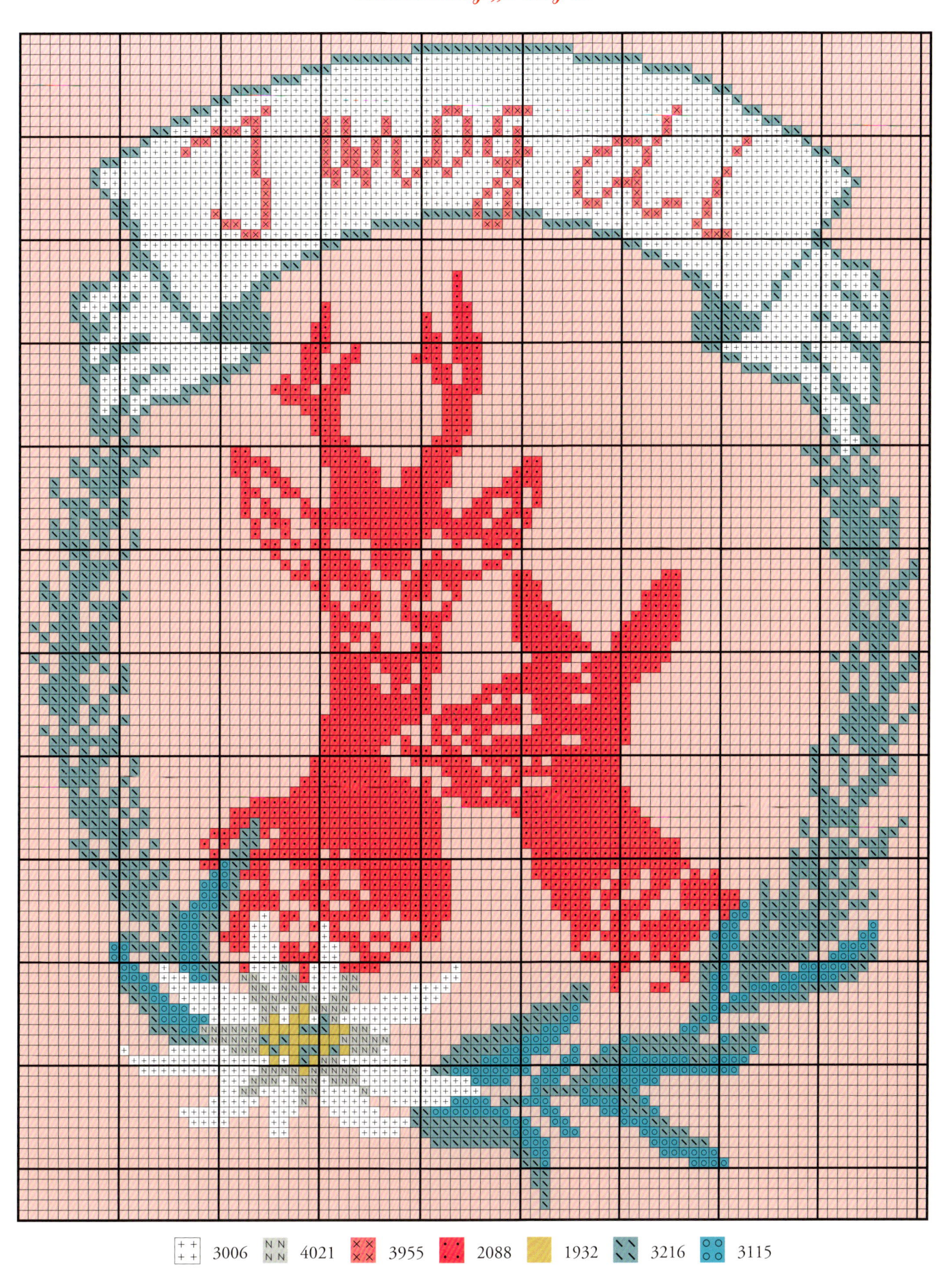

++ / ++ 3006	NN / NN 4021	×× / ×× 3955	2088	1932	3216	oo / oo 3115

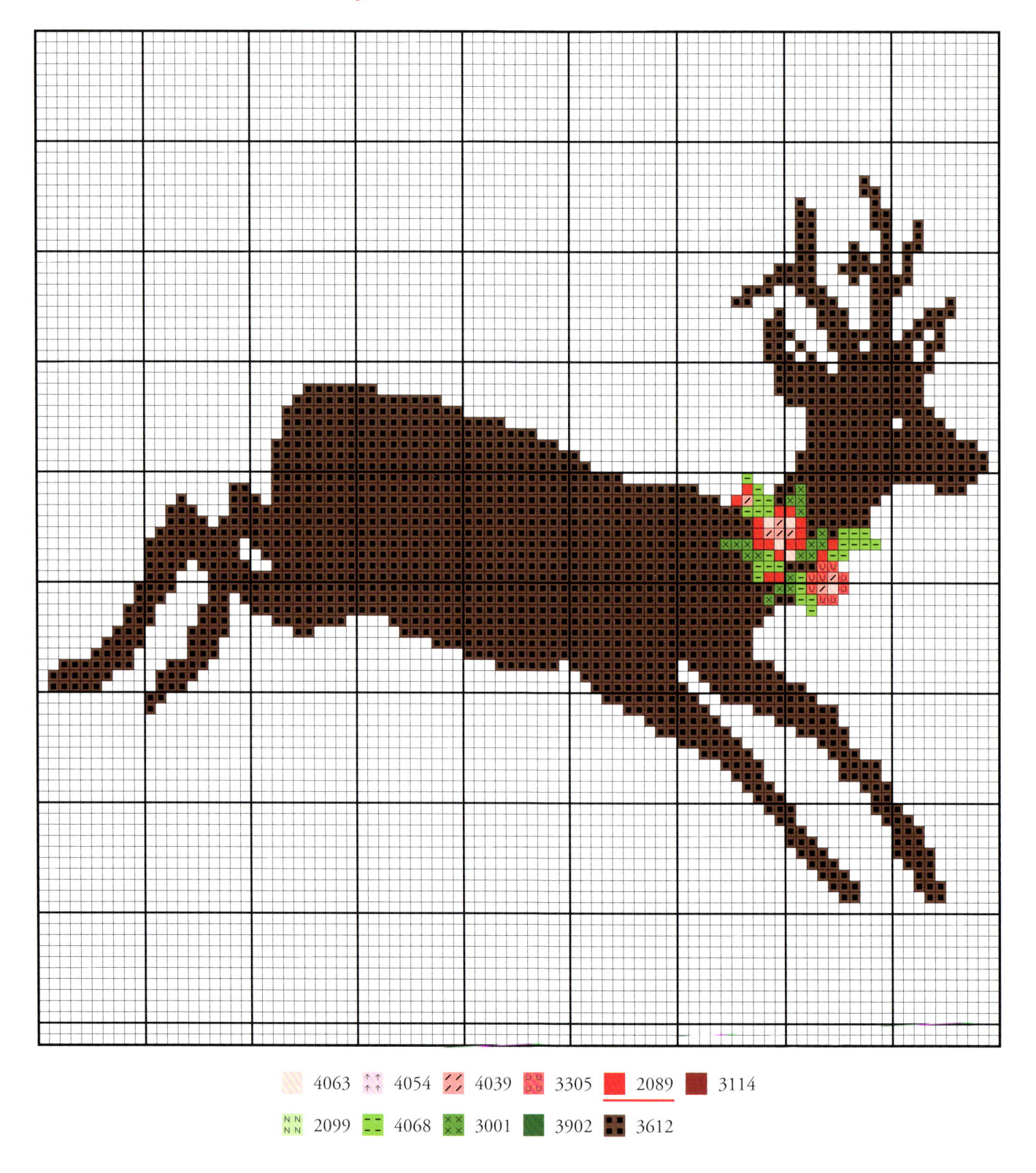

Gardine „Sommerhirsche" Teil 1

4063	4054	4039	3305	2089	3114	
2099	4068	3001	3902	3612		

Gardine „Sommerhirsche" Teil 2

Gardine „Sommerhirsche" Teil 3

Kuh „Franzi"

■ 3114	∷ 4021	■ 1500	⊞ 2002	╱ 4039	■ 2089	✕ 4046
■ 3512	∪ 3305	■ 3902	▲ 4010	■ 3042	■ 3741	

Kuh „Gerti"

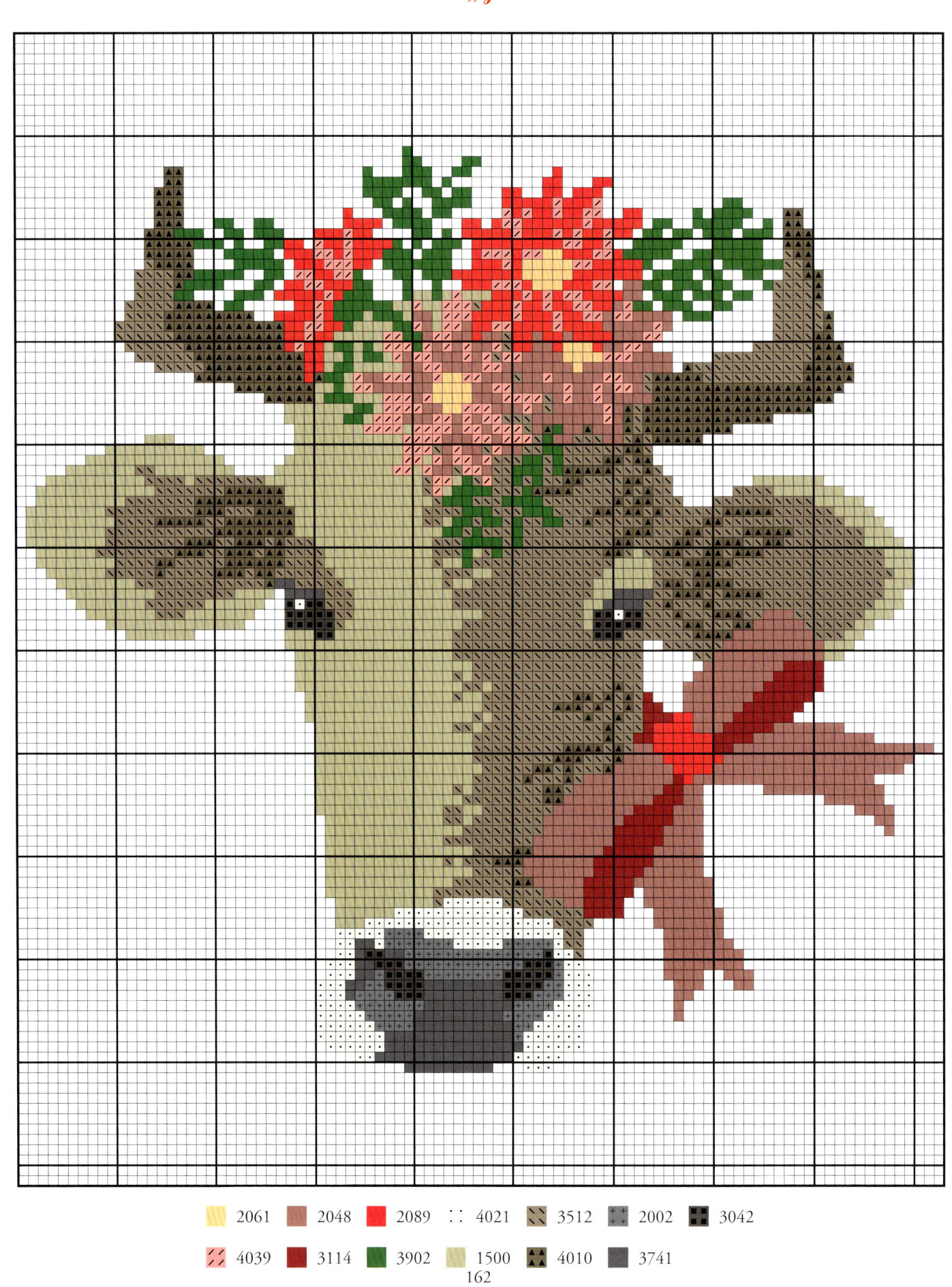

2061	2048	2089	∴ 4021	3512	2002	3042	
4039	3114	3902	1500	4010	3741		

Sommerdecke "Rosenhirsch"

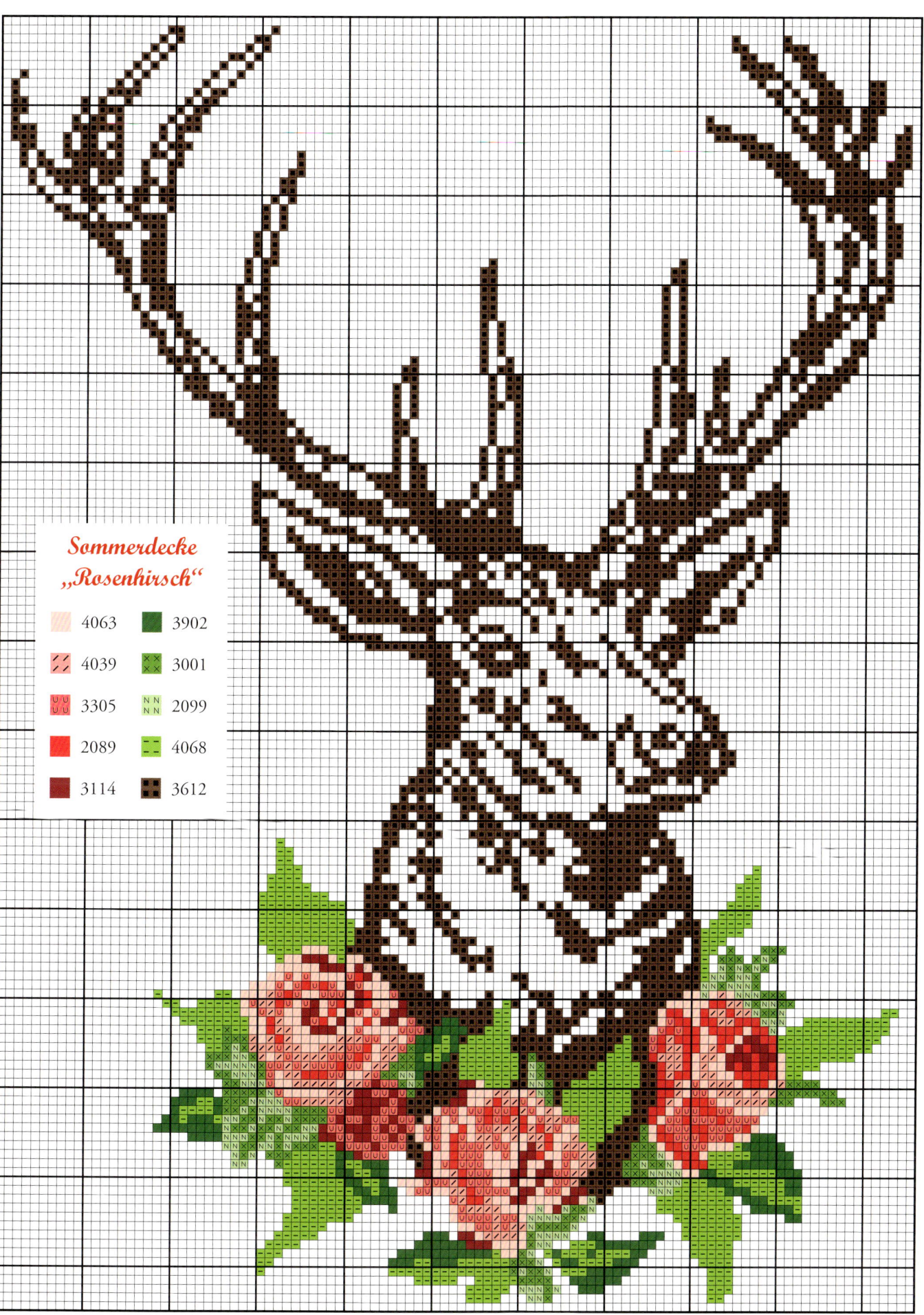

▨	4063	▨	3902
▨	4039	▨	3001
▨	3305	▨	2099
▨	2089	▨	4068
▨	3114	▨	3612

Pilzherz & Pilze

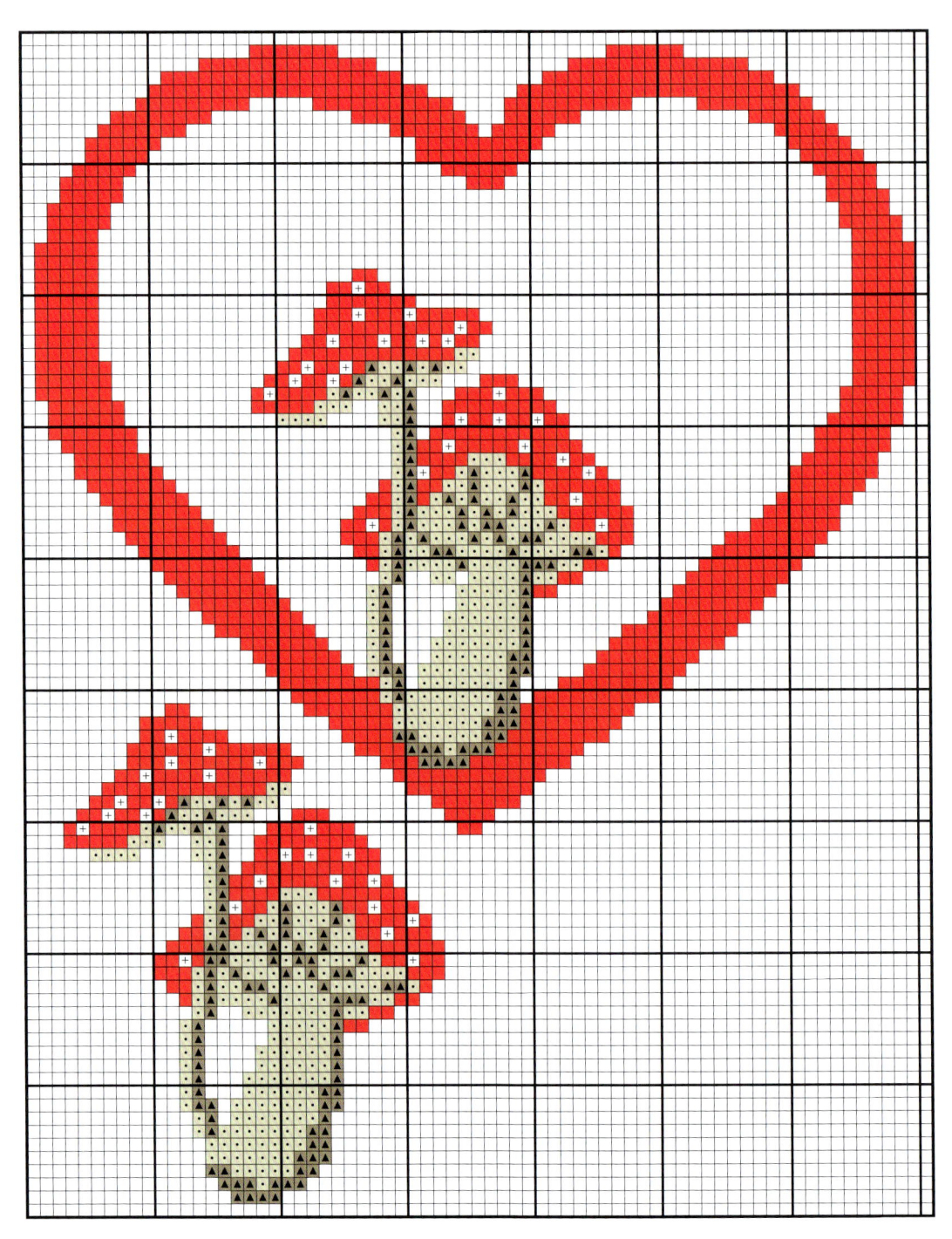

+ + + 3006   ∴ 4012   ▲▲ 4023   ■ 4020

Pilzläufer Teil 1

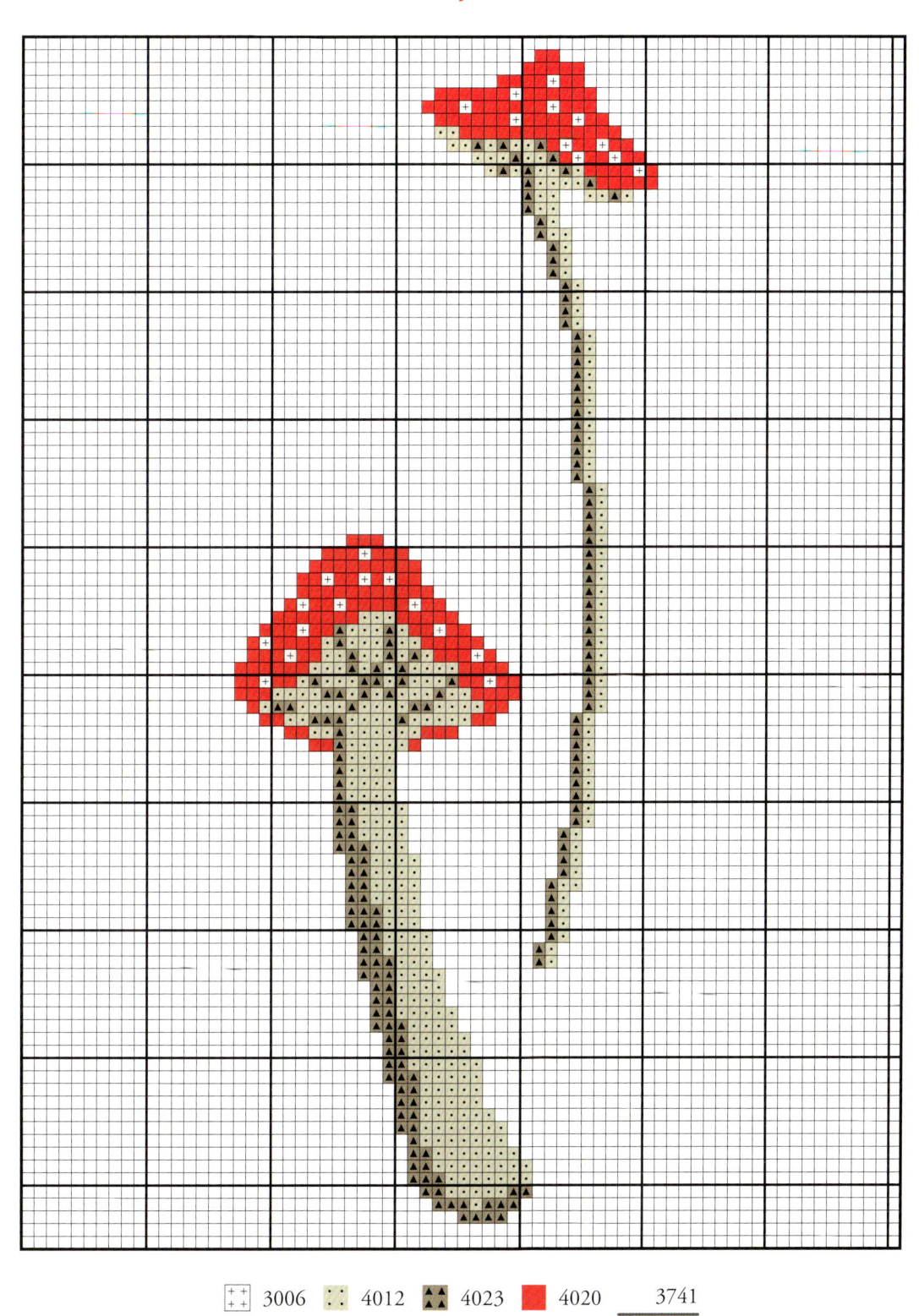

++ / ++ 3006	∴ 4012	▲▲ 4023	■ 4020	—— 3741

165

Pilzläufer Teil 2

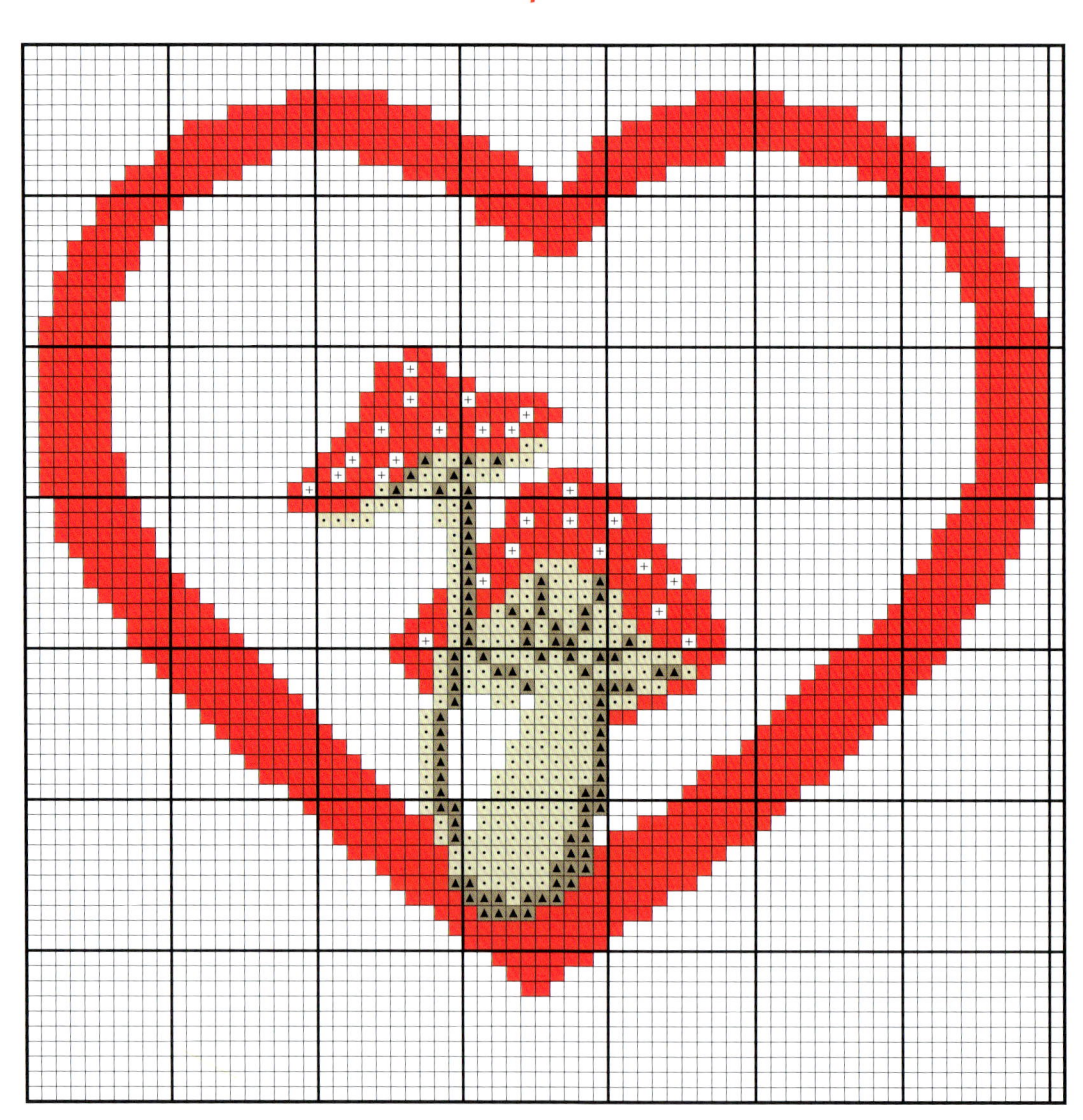

166

Pilzläufer Teil 3

167

Winterkranz „Willkommen" Teil 1

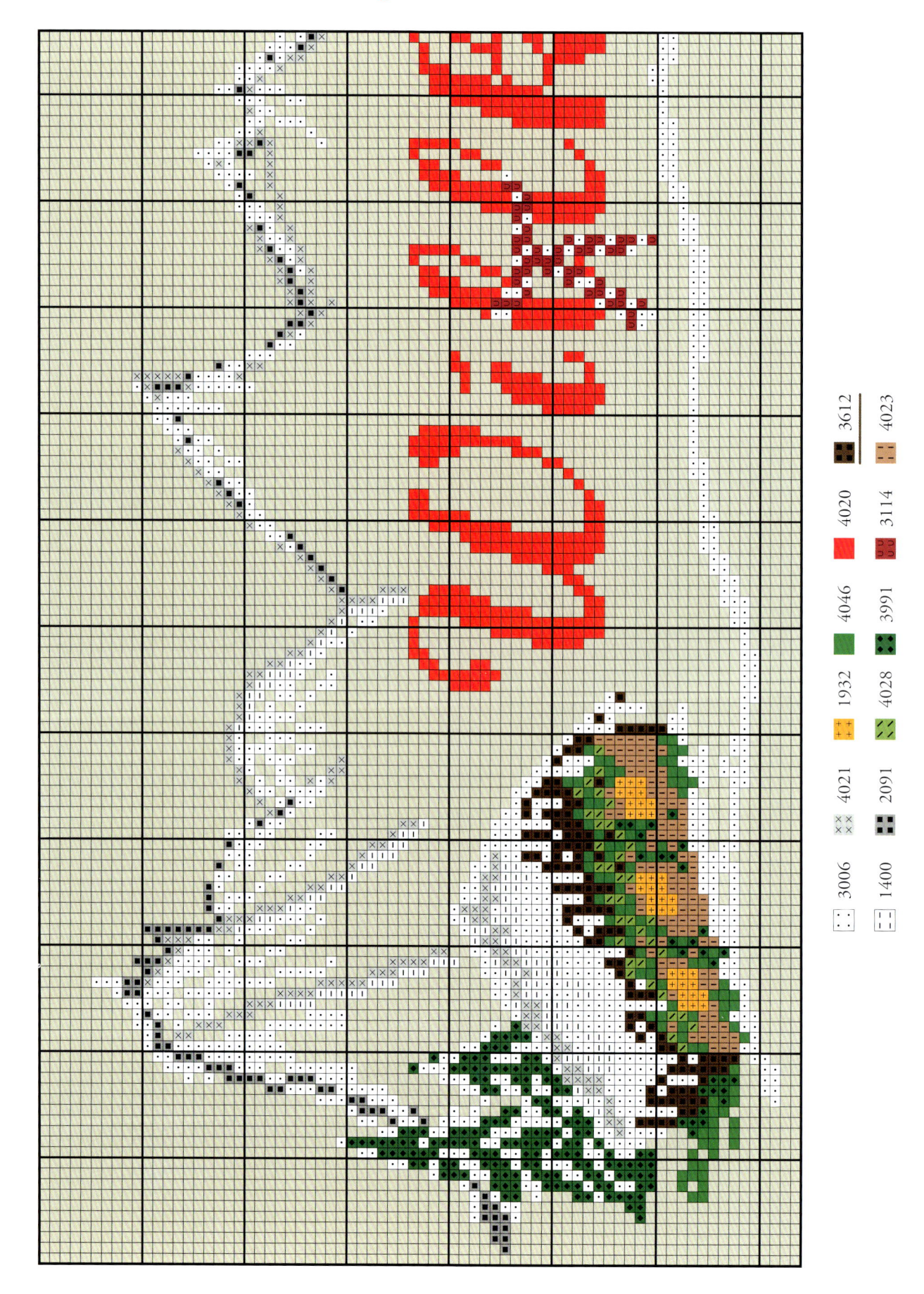

Winterkranz „Willkommen" Teil 2

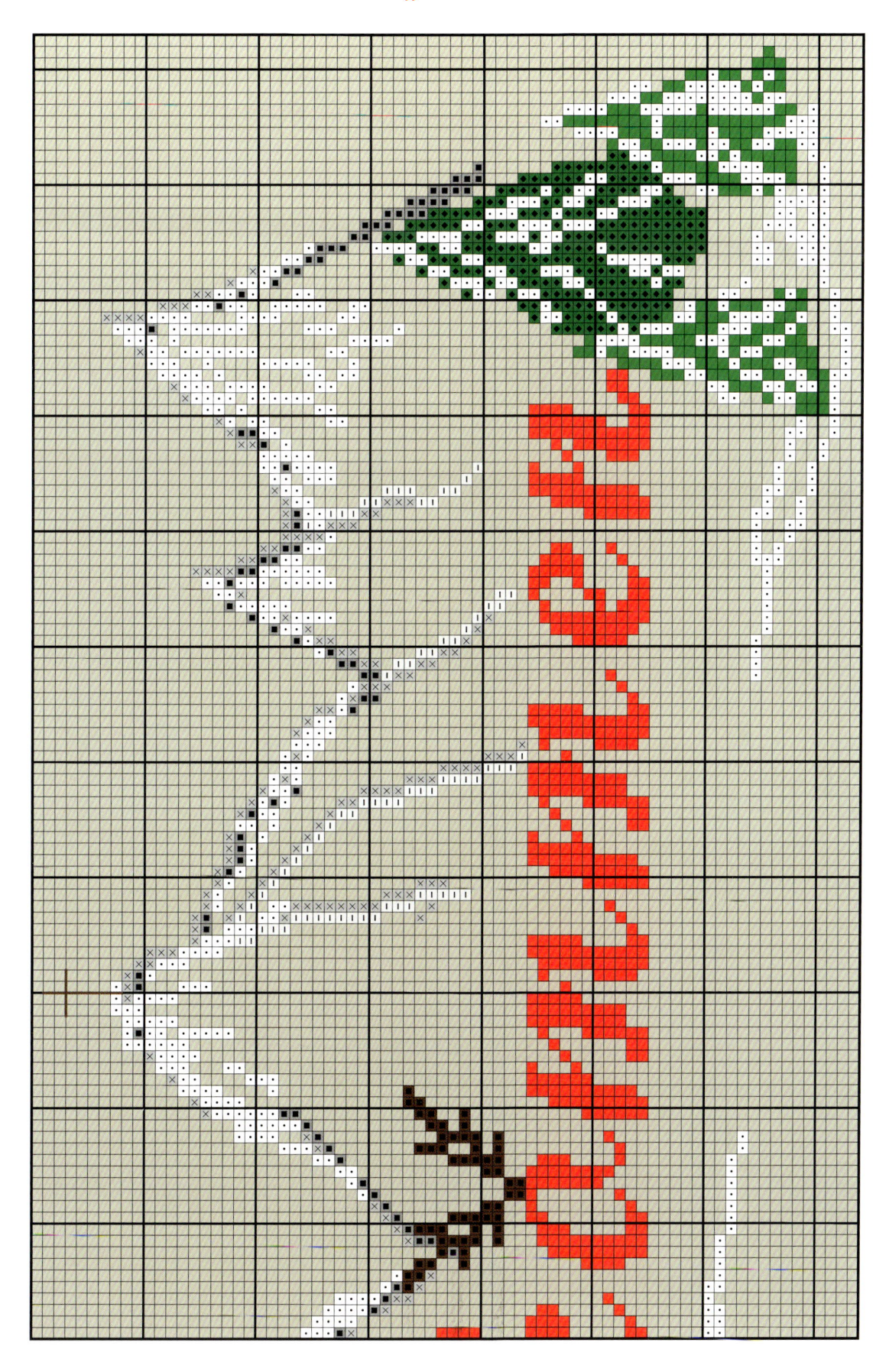

Gardine „Lebkuchenkinder" Teil 1

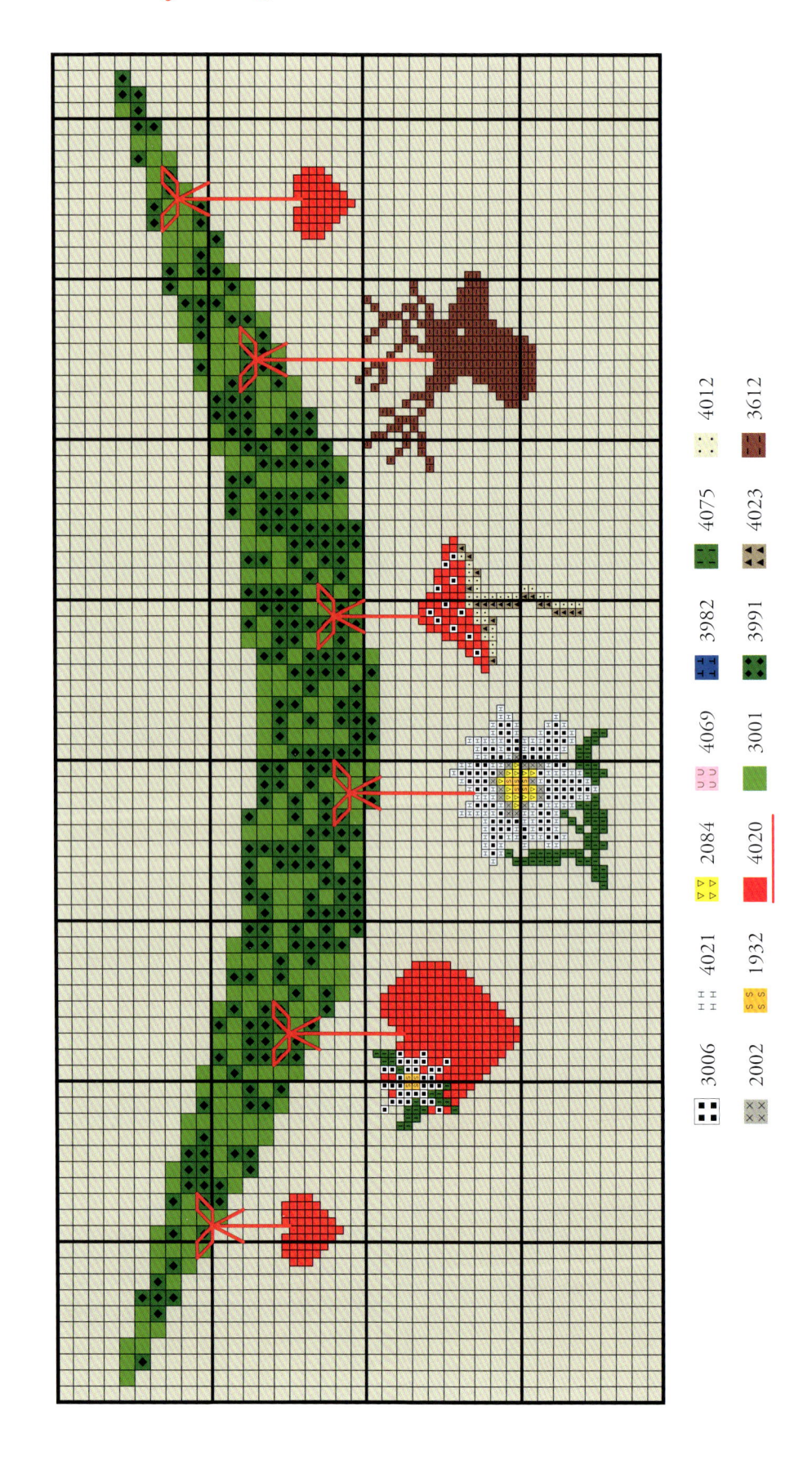

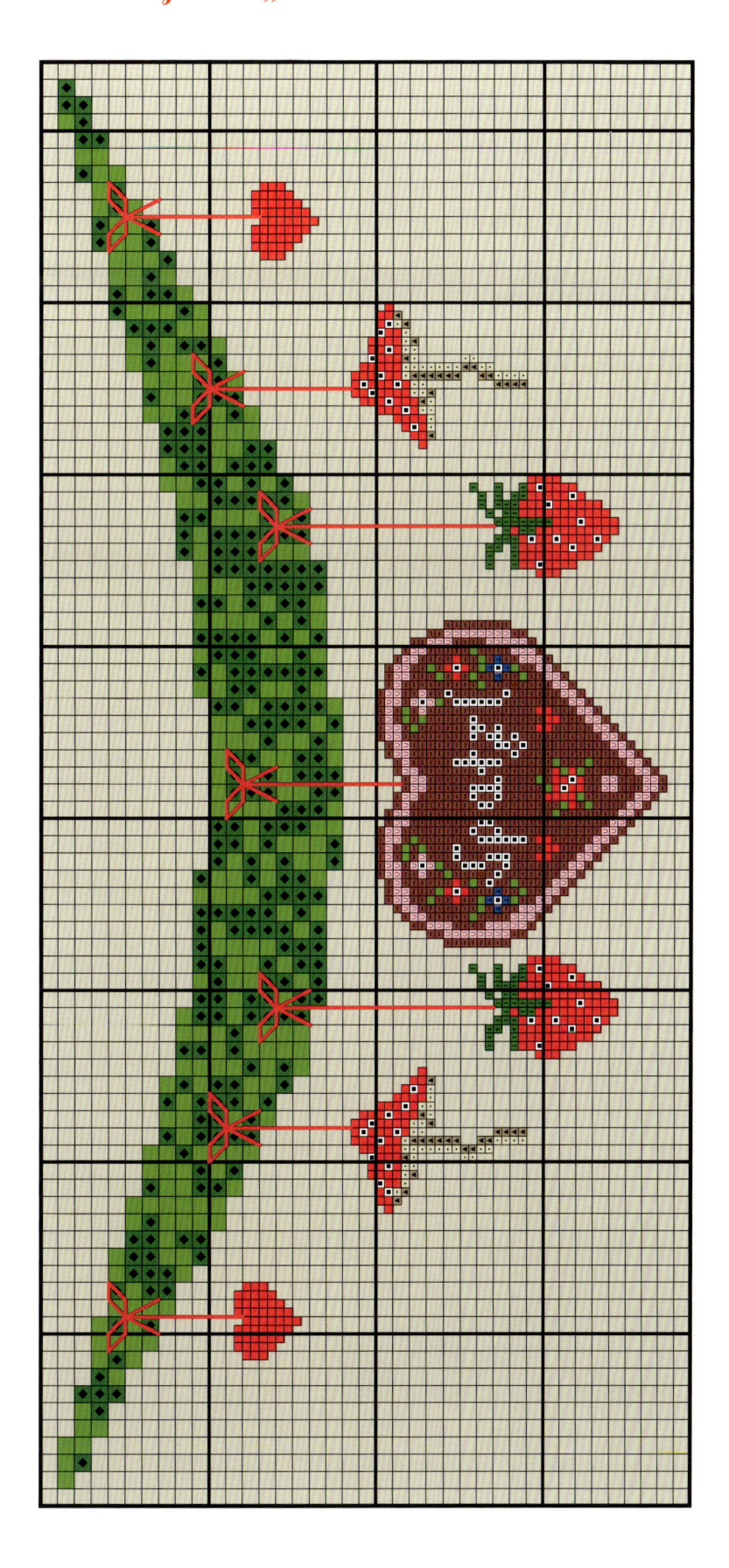

Gardine „Lebkuchenkinder" Teil 2

Gardine „Lebkuchenkinder" Teil 3

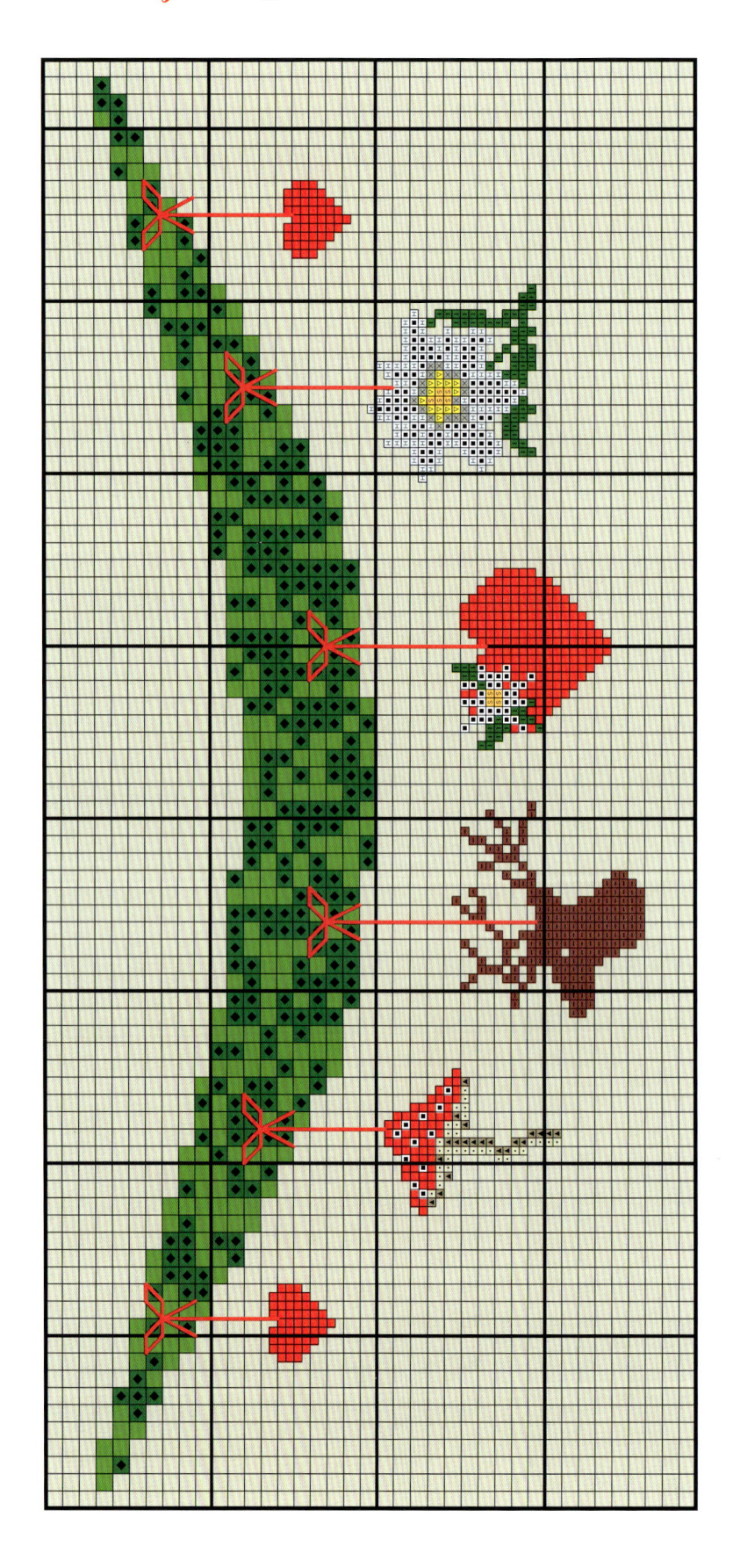

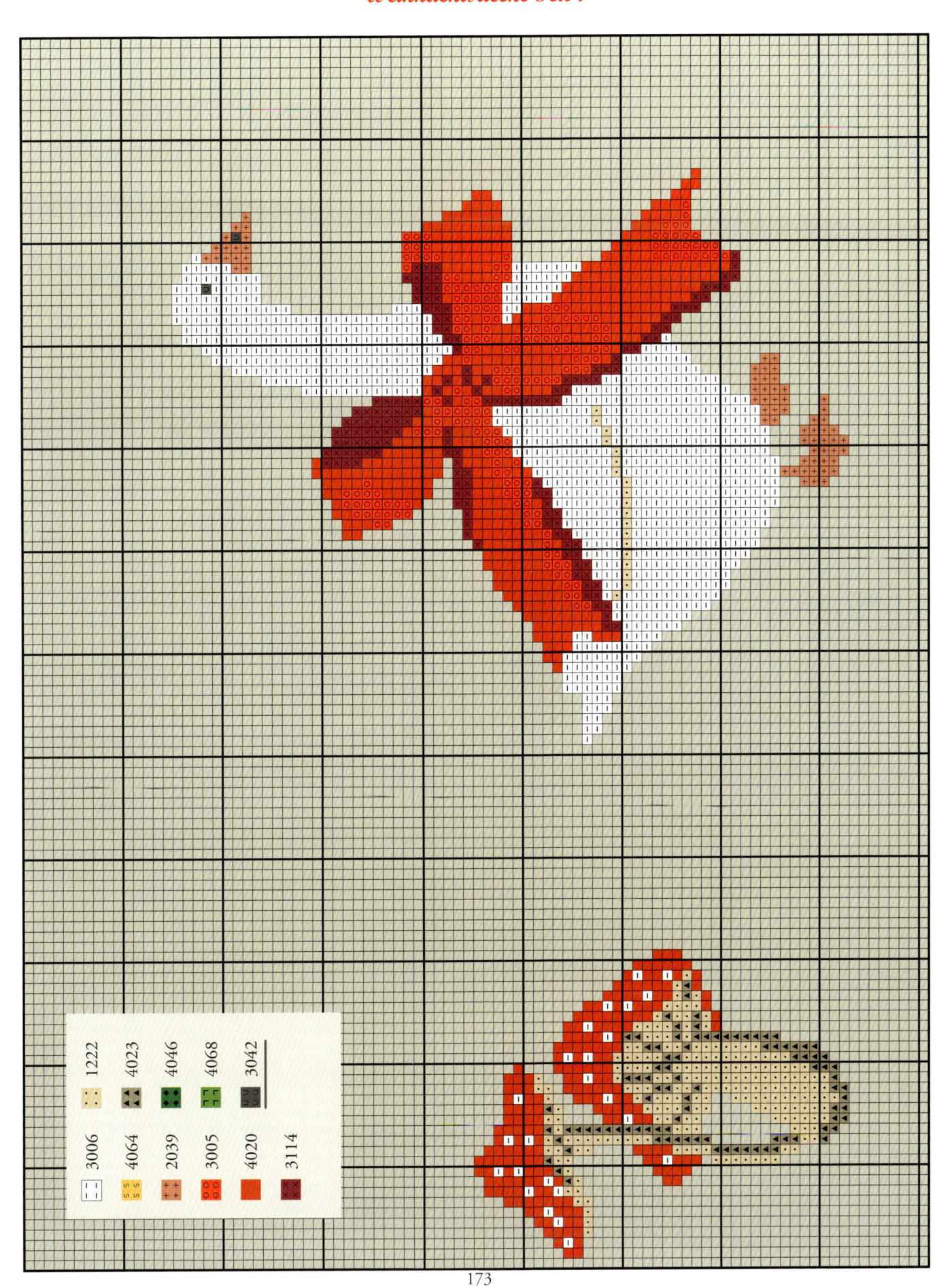

Weihnachtsdecke Teil 1

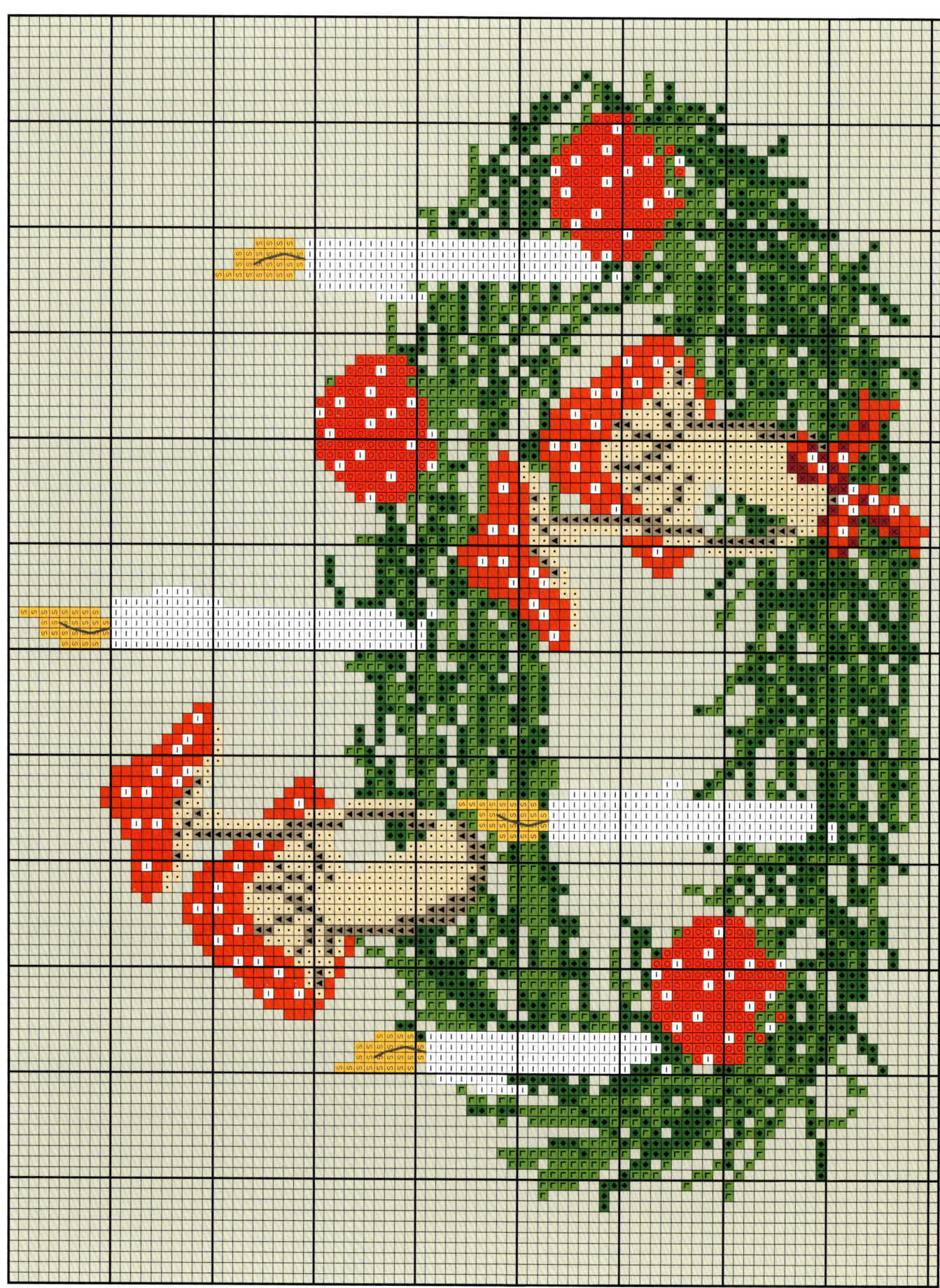

Weihnachtsdecke Teil 2

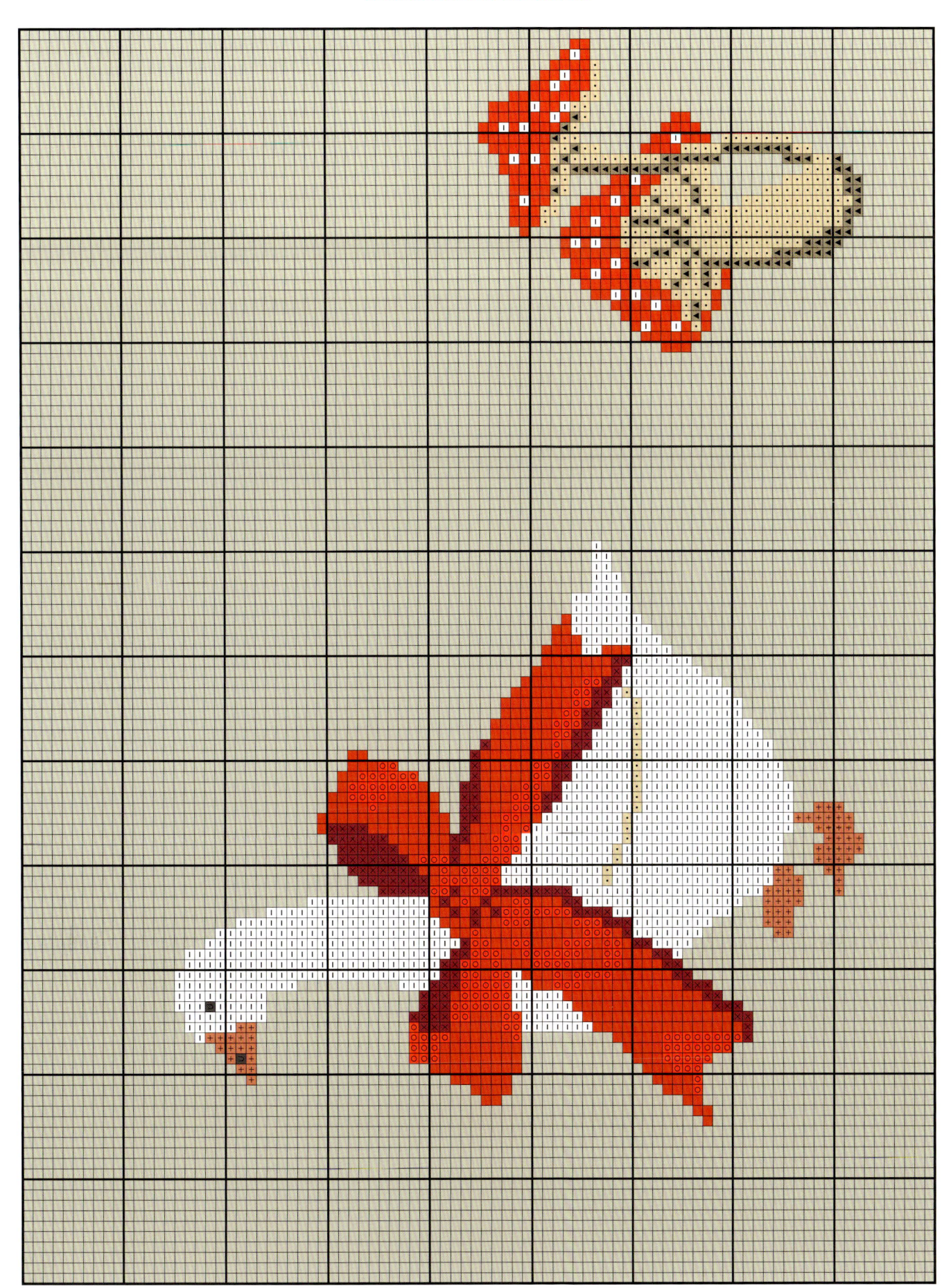

Weihnachtsdecke Teil 3

175

Weihnachtshirsch

∴	3006	⊙	4020
×	3312	▲	3114
	3996	⊙	4035
■	1912		4046

Gardine „Weihnachtshirsche" Teil 1

3006　4039　2089　3114　4046　4035　3612

Gardine „Weihnachtshirsche" Teil 2

Gardine „Weihnachtshirsche" Teil 3

Kranz „Hüttenzauber"

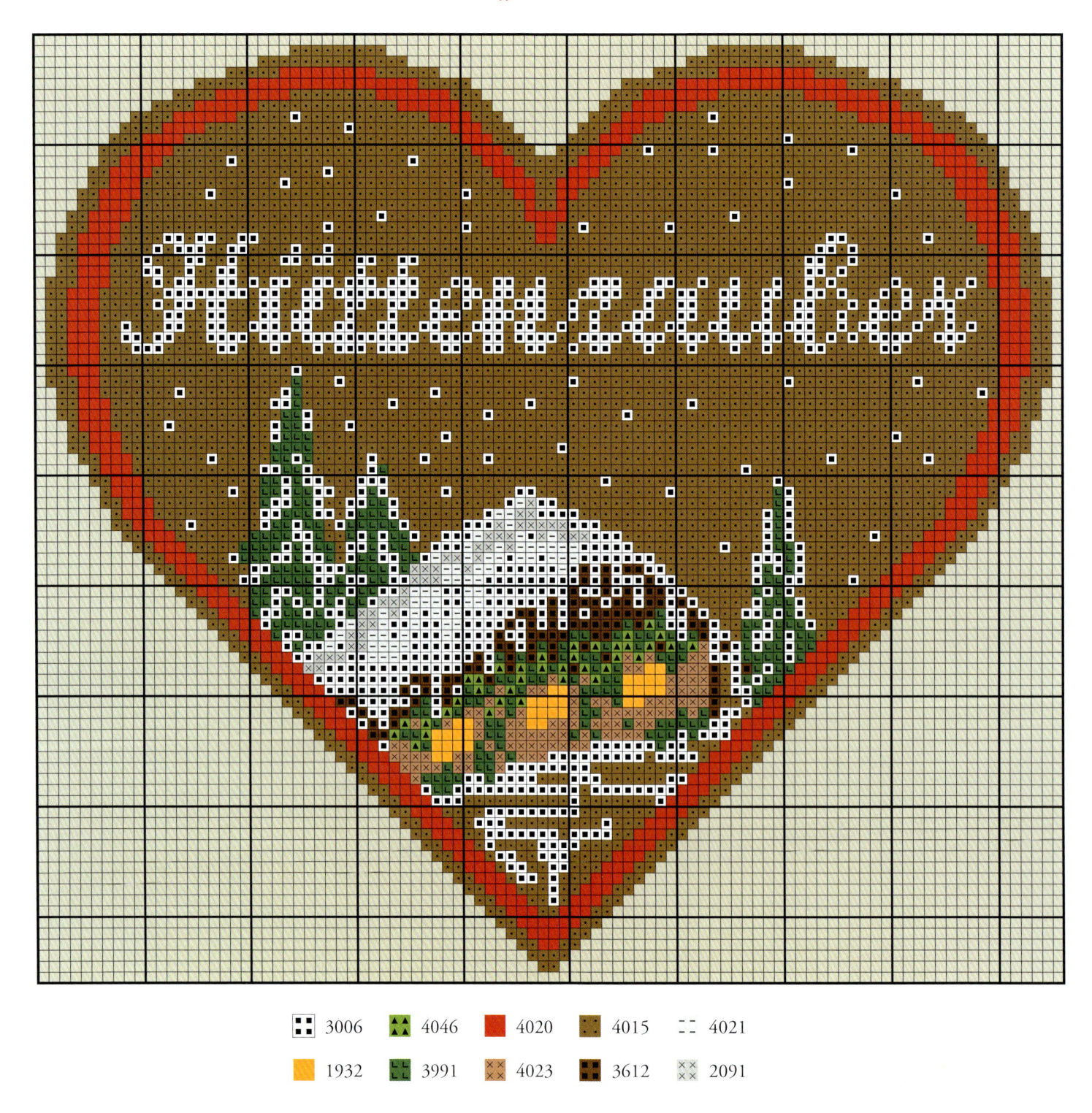

3006		4046		4020		4015		4021
1932		3991		4023		3612		2091

180

Gesticktes Herz „Frohe Weihnachten"

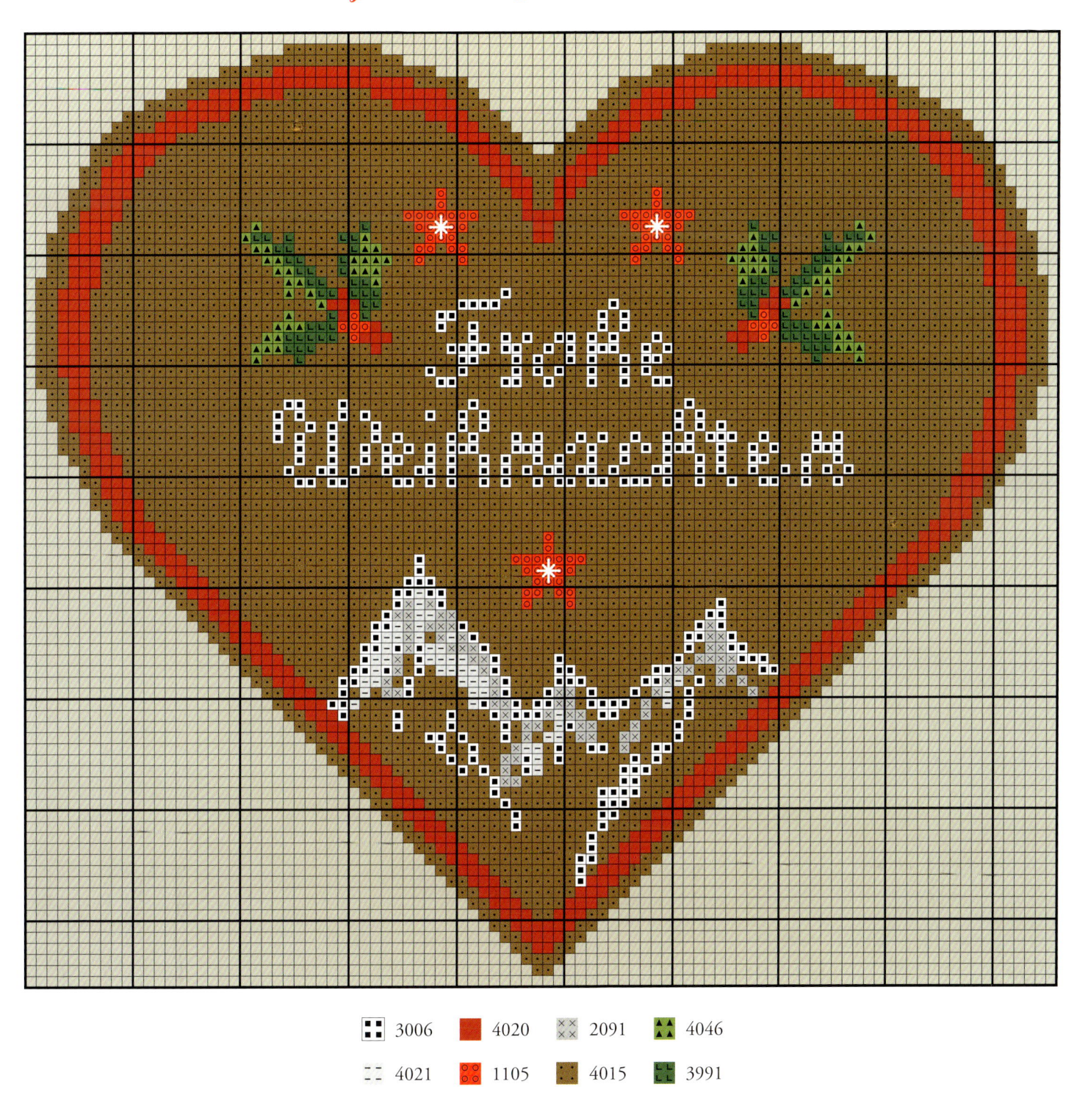

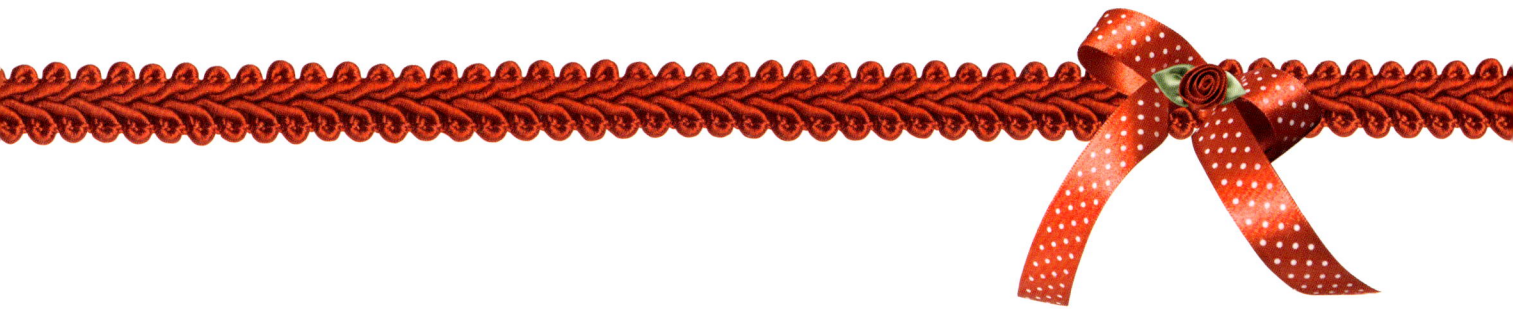

3006	4020	2091	4046	
4021	1105	4015	3991	

Petit-Point Motive

⋅⋅	3006	✕✕	3982	UU	4069	◇◇	3612
╲╲	2084	▇▇	4046	++	3954	HH	4021
LL	1932	≡≡	4012	↑↑	3005	✕✕	2002
==	3985	▲▲	4023	==	4020	■■	3741
╲╲	3996	◆◆	1912	■■	3042		

182

Petit-Point Motive

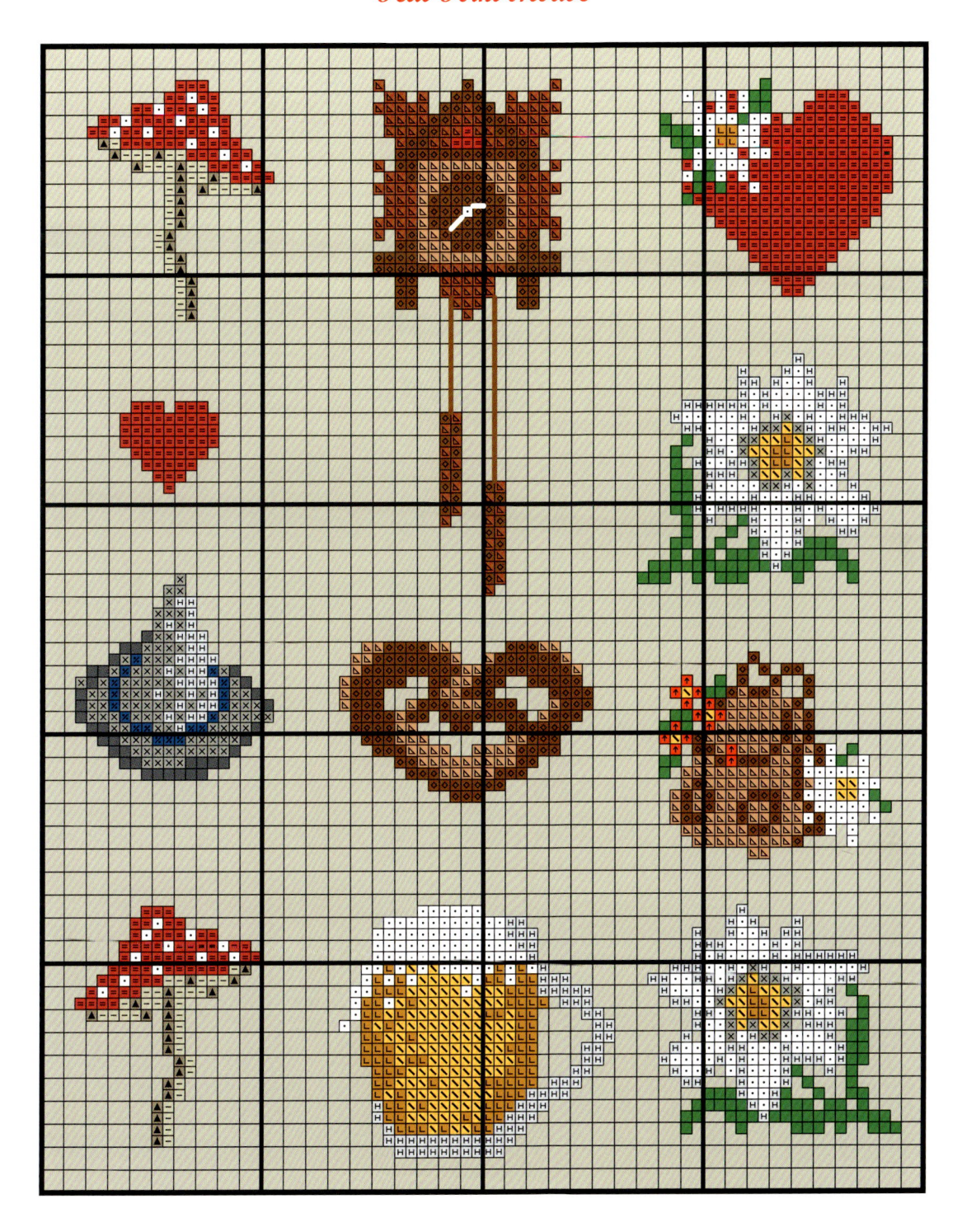

183

Anleitungen

Kranz „Willkommen", Seite 6
Durchmesser: 50 cm
Stickereigröße in Kreuzstich: 40 x 14 cm
Material
- 0,95 m gebleichtes Leinenband, 11-fädig, 20 cm breit
- Kranz, handgebunden, mit geschnitzten Holzfiguren, Durchmesser 50 cm, Art.-Nr. 14095-01

Anleitung
Das Stickmuster befindet sich auf Seite 145/146.
- Stickerei im Kreuzstich mittig auf das Leinenband sticken.
- Enden säumen.
- Leinenband um den in der Dekoration mitgelieferten Metallring legen und die Enden aneinander nähen. Die Ecken an den Rundungen des Ringes ein wenig einschlagen und mit ein paar Saumstichen festnähen, um einen runden Abschluss zu haben.
- Den gebundenen Kranz mit feinen Drähten auf dem Ring mit dem Leinenband befestigen.

Patchworkläufer „Gamsbock", Seite 9
Gesamtgröße: 45 x 75 cm
Stickereigröße in Petit Point: 9 x 9 cm
Material
- 0,20 m gebleichtes Leinen, 12-fädig
- 0,20 m blau karierter Baumwollstoff
- 0,20 m schwarz großkarierter Baumwollstoff
- 0,50 m schwarz kleinkarierter Baumwollstoff
- 0,50 m Volumenvlies zum Aufbügeln
- 2,50 m schwarzes Schrägband

Zuschnitt
- Leinen: (A) 16,5 x 16,5 cm
- Blauer Baumwollstoff: (B) 7 Stück 16,5 x 16,5 cm
- Schwarz kleinkarierter Baumwollstoff: (C) 4 Stück 16,5 x 16,5 cm / 50 x 70 cm, Rücken
- Schwarz großkarierter Baumwollstoff: (D) 3 Stück 16,5 x 16,5 cm

Anleitung
Das Stickmuster befindet sich auf Seite 147.
- Stickerei im Petit Point (Seite 139) mittig auf das Leinen (A) sticken.
- Quadrate (A), (B), (C) und (D) im Patchwork laut Abbildung aneinander nähen (Seite 141).
- Das Volumenvlies großzügig zuschneiden und mittig hinter das Vorderteil bügeln. Das Rückenteil unter das Vlies legen, so dass alle Seiten gleichmäßig überstehen.
- Alle Nähte quilten (Seite 141) und die überstehenden Kanten bündig abschneiden.
- Tischdecke mit Schrägband einfassen (Seite 142).

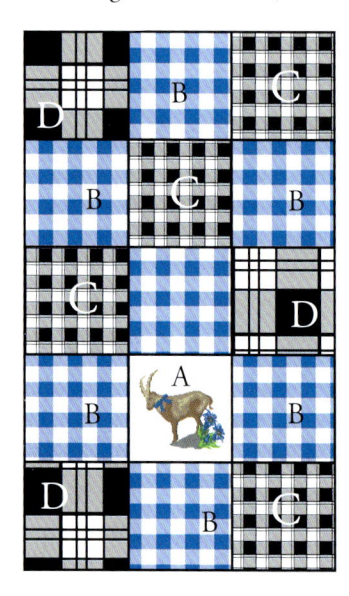

Patchworkherz „Brotzeit", Seite 10
Gesamtgröße: 20 x 26 cm
Stickereigröße in Petit Point: max. 2,5 x 3,5 cm
Material
- 0,10 m ungebleichtes Leinen, 12-fädig
- 0,25 m blau karierter Baumwollstoff
- 0,10 m braun karierter Baumwollstoff
- 0,50 m kleine schwarze Bommelborte
- 1,00 m schwarze Kordel
- 2 weiße Schnitzknöpfe, Rechteck
- Metallanhänger, Herz, Rose und Kreuz
- Füllwatte
- weiße Plusterfarbe

Anleitung
Die Stickmuster befinden sich auf Seite 182/183.
Die Schablone Nr. 5 befindet sich auf Seite 215.
- Stickereien im Petit Point mittig auf ca. 10 x 10 cm zugeschnittenes Leinen sticken.
- Anhand der Rechtecke auf der Skizze die Stoffe mit Nahtzugabe zuschneiden. Zuerst zu Streifen aneinander nähen und diese zu einem Ganzen zusammenfügen.
- Schwarze Bommelborte laut Abbildung aufnähen.

- Das Herz nähen (Seite 140), dafür den blau karierten Stoff für die Rückseite verwenden und die schwarze Kordel als Aufhängung einnähen.
- Das Herz an der Spitze und auf den Stoffrechtecken mit Metallanhängern und weißen Knöpfen versehen.
- Mit Plusterfarbe Schriftzug „Brotzeit" und ein Herz aufbringen (Seite 144).

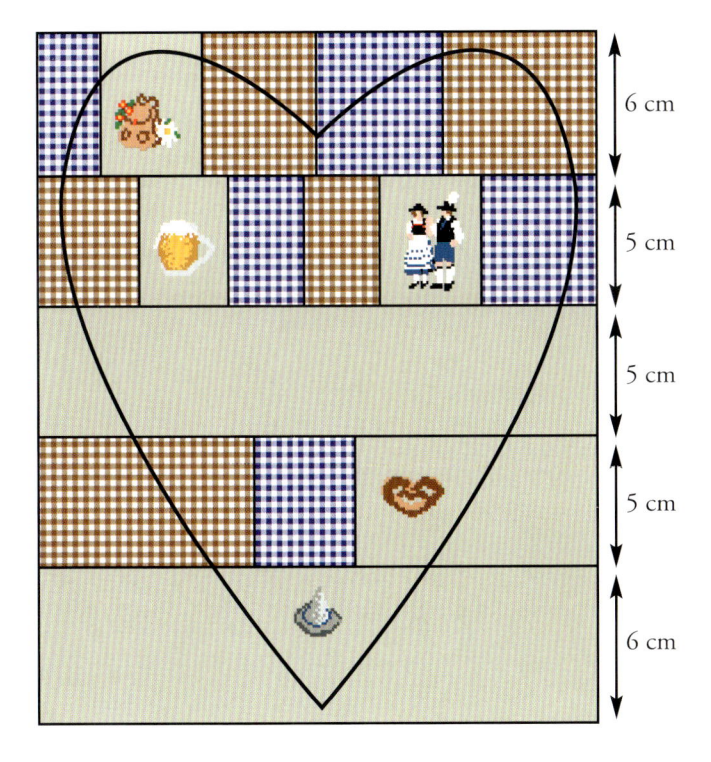

Glasmanschetten „Lustige Gesellen", Seite 12
Größe: Glasumfang x 6 cm (Höhe)
Material
- 0,10 m rot karierter Baumwollstoff
- 0,10 m rosa karierter Baumwollstoff
- 0,10 m braun karierter Baumwollstoff
- 0,10 m blau karierter Baumwollstoff
- Kreisschablone, Durchmesser 45 mm
- Knopf „Fliegenpilz"
- Knopf „Steinpilz"
- Knopf „Igel"
- Knopf „Schweinchen"
- 0,40 m Klettband

Zuschnitt
- Je Stoff: Glasumfang zzgl. 5 cm Nahtzugabe x 10 cm (Höhe)

Anleitung
- Die Stoffstreifen rundherum mit einer 1 cm breiten doppelten Naht säumen.
- Die Enden mit einem Klettverschluss versehen.
- Die Rosette mittels der Kreisschablone herstellen, den jeweiligen Knopf aufnähen und am Stoffstreifen mit ein paar Stichen befestigen.

Halstuch „Spatzl", Seite 14
Gesamtgröße 50 x 50 cm
Material
- 0,50 m rosa karierter Baumwollstoff
- 2,00 m kleine schwarze Bommelborte
- 11 kleine rote Satinrosen
- 1 große rote Satinrose
- schwarze Plusterfarbe
- weiße Plusterfarbe
- 0,30 m rotes Satinband, 3 mm breit
- 1 großes Swarovski-Kristallschliffherz

Zuschnitt
- Rosa Baumwollstoff: 50 x 50 cm

Anleitung
Die Herzschablone Nr.1 befindet sich auf Seite 215.
- Das Stoffquadrat säumen und mit der schwarzen Bommelborte einfassen.
- Mit Plusterfarbe ein Herz aufmalen (Seite 144).
- Das Herz mit roten Satinrosen, Glasherz und Satinschleife aufnähen bzw. mit Textilkleber aufbringen.

Tasche „I mog di", Seite 16
Gesamtgröße ca. 35 x 30 cm ohne Träger
Stickereigröße 15 x 18 cm
Material
- 0,20 m ungebleichtes Leinen, 12-fädig
- 0,35 m grün karierter Baumwollstoff
- 0,35 m rot karierter Baumwollstoff
- 0,70 m Volumenvlies zum Aufbügeln
- 1,40 m Schabrackenvlies zum Aufbügeln
- 0,20 m Volumenvlies für die Träger
- 1,20 m Kordel für die Träger
- 1 große und 5 kleine rote Satinrosen

Zuschnitt
- Leinen: (A) 20 x 23 cm
- Grün karierter Stoff: (B) 20 x 5,5 cm / (C) 20 x 10,5 cm (D) 2 Stück 9 x 36 cm / (E) 35 x 36 cm / (G) 2 Streifen 12 x 150 cm – Träger
- Rot karierter Stoff: (F) 35 x 70,5 cm
- Kordel: 2 Stücke à 60 cm - Träger

Anleitungen

Anleitung

Das Stickmuster befindet sich auf Seite 148.

- Stickerei im Kreuzstich mittig auf das Leinen (A) sticken.
- Die Randstreifen (B), (C) und (D) für das Vorderteil im Patchwork um das Leinen nähen (Siehe Abbildung).
- Volumenvlies hinter die Zuschnitte (A) bis (F) bügeln.
- Zusätzlich Schabrackenvlies hinter den Zuschnitt (F) bügeln und alle Vlieseinlagen bündig abschneiden.

Außenteil und Futter

- Für das Außenteil Vorder (A-D)- und Rückenteil (E) rechts auf rechts aufeinander legen und Boden, sowie Seiten aneinander nähen.
- Beim Futter den Stoffstreifen (F) in der Breite rechts auf rechts aufeinander legen und die Seiten aneinander nähen.
- Im Futter eine ca. 10 cm lange Wendeöffnung lassen. Die Böden von Außenteil und Futter so falten, dass auf zwei gegenüberliegenden Seiten ein Zipfel entsteht. Ca. 6 cm von der Spitze quer über den Zipfel nähen und vor der Naht abschneiden.

Träger

- Den Stoffstreifen (G) jeweils rechts auf rechts an der Längsseite aufeinander legen und zusammen nähen, den Streifen wenden. Die Kordel mit dem Volumenvlies umlegen und um die Kordel festnähen. Die mit Volumenvlies umwickelte Kordel in den Träger ziehen. Da die Kordel kürzer ist, entsteht die Raffung. Die Enden der Träger gut festnähen, damit die Kordel nicht in den Träger rutscht.
- Die Träger an die rechte Seite der Außentasche in einem Abstand von 8 cm vom Rand annähen.
- Nun das Außenteil auf rechts wenden und rechts auf rechts in das Futter stecken.
- Die beiden Teile an der Oberkante zusammennähen.
- Tasche durch die Wendeöffnung im Futter auf rechts ziehen und die Öffnung mit kleinen Saumstichen schließen.

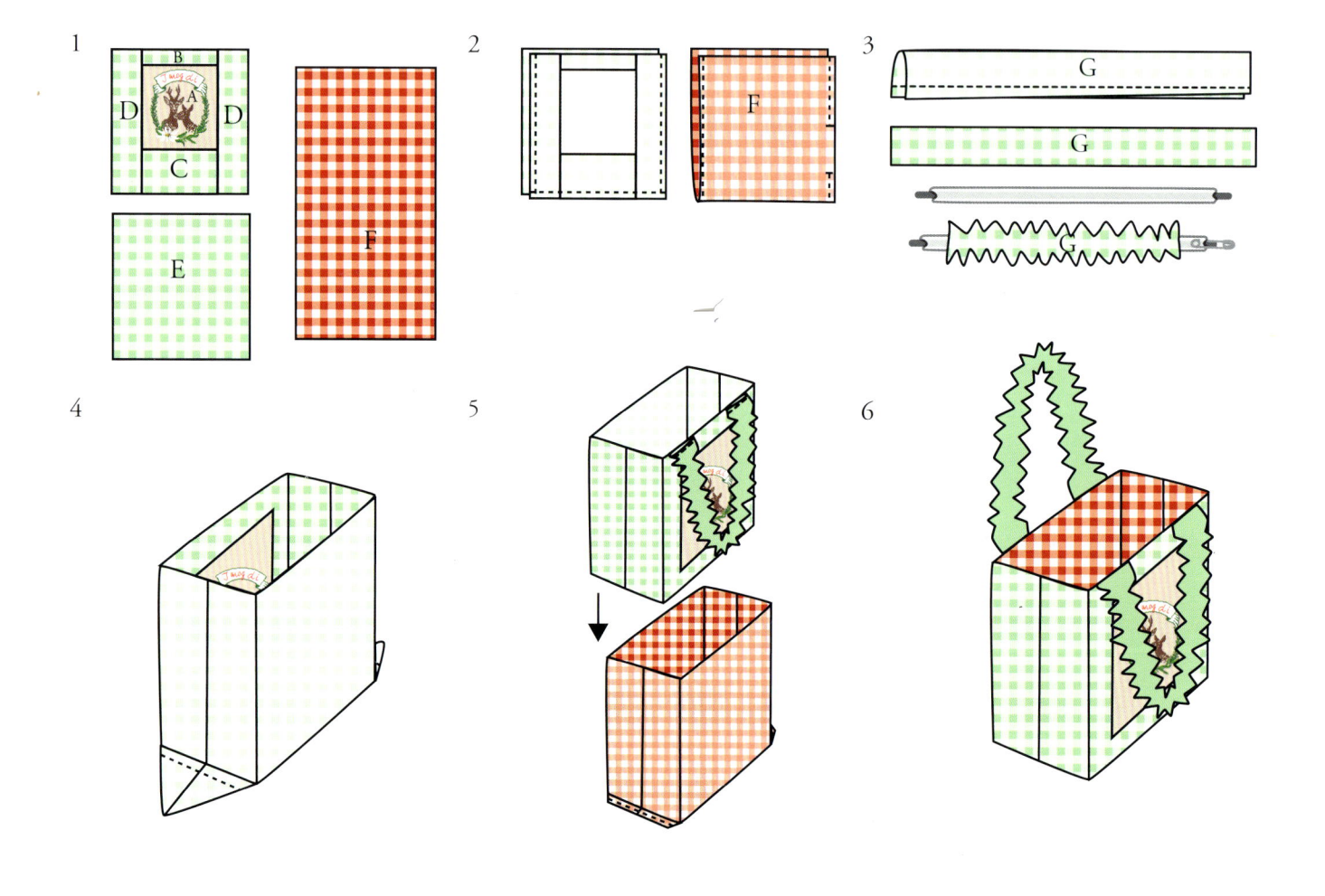

Kranz „Rosenpracht", Seite 18

Durchmesser: 35 cm

- Rosenkranz, handgebunden, aus hochwertiger Kunstfloristik mit handbemaltem Herz aus Glas, Schriftzug „I mog di", Art.-Nr. 14095-02

Fensterband „Schöne Aussichten", Seite 20

Gesamtgröße: 90 x 50 cm

Stickereigröße im Kreuzstich und Petit Point: 15 x 6 cm

Material

- 0,63 m ungebleichtes Druck-Leinenband „Sommermädchen-weiß", 11-fädig, 16 cm breit
- 0,55 m blau karierter Baumwollstoff
- 2 rote kleine Satinrosen
- 3 Glasradieschen
- 2 rote große Metallherzen
- 1,00 m rote Kordel
- 2,00 m schwarzes Samtband, 1 cm breit
- 2,00 m rot gepunktetes Satinband, 1,5 cm breit
- 2,00 rotes Satinband, 3 mm breit
- 0,10 m hellbraunen Wollstoff für die Brezen
- Füllwatte
- weiße Plusterfarbe

Zuschnitt

- Leinenband: (A) 16 x 63 cm
- Blau karierter Baumwollstoff: 2 Streifen (B) 17,5 x 150 cm/ 2 Streifen (C) 17,5 x 63 cm
- Hellbraune Wolle: Brezel, 6 x 80 cm

Anleitung

Das Stickmuster befindet sich auf Seite 149.

- Girlande im Kreuzstich und im Petit Point mittig zwischen die zwei Mädchen sticken.
- Das Leinen bügeln (Seite 138).
- Jeweils die Baumwollstreifen (B) und (C) aneinander nähen (siehe Abbildung).
- Die beiden Streifen rechts auf rechts legen und bis auf eine Wendeöffnung aufeinander nähen. Auf die rechte Seite wenden.
- Leinenband an den Schmalseiten säumen und mittig auf den Baumwollstreifen aufsteppen. Geübte können den Leinenstreifen zwischen den Baumwollstoff nähen.
- Die Metallherzen und Kordelschleifen an die Hände der Mädchen annähen und Satinrosen mit Textilkleber auf das Leinen setzen.
- Die Enden laut Foto zu einer Schlaufe raffen und mit Satin- und Samtband, sowie den Radieschen verzieren.

Brezen

- Für den Brezen aus dem Wollstoff einen Schlauch nähen, mit Füllwatte ausstopfen und die Enden schließen.
- Den Schlauch zu einem Brezen formen und die Schnittpunkte mit einigen Stichen sichern.
- Mit Plusterfarbe (Seite 144) kleine Salzstreusel andeuten.

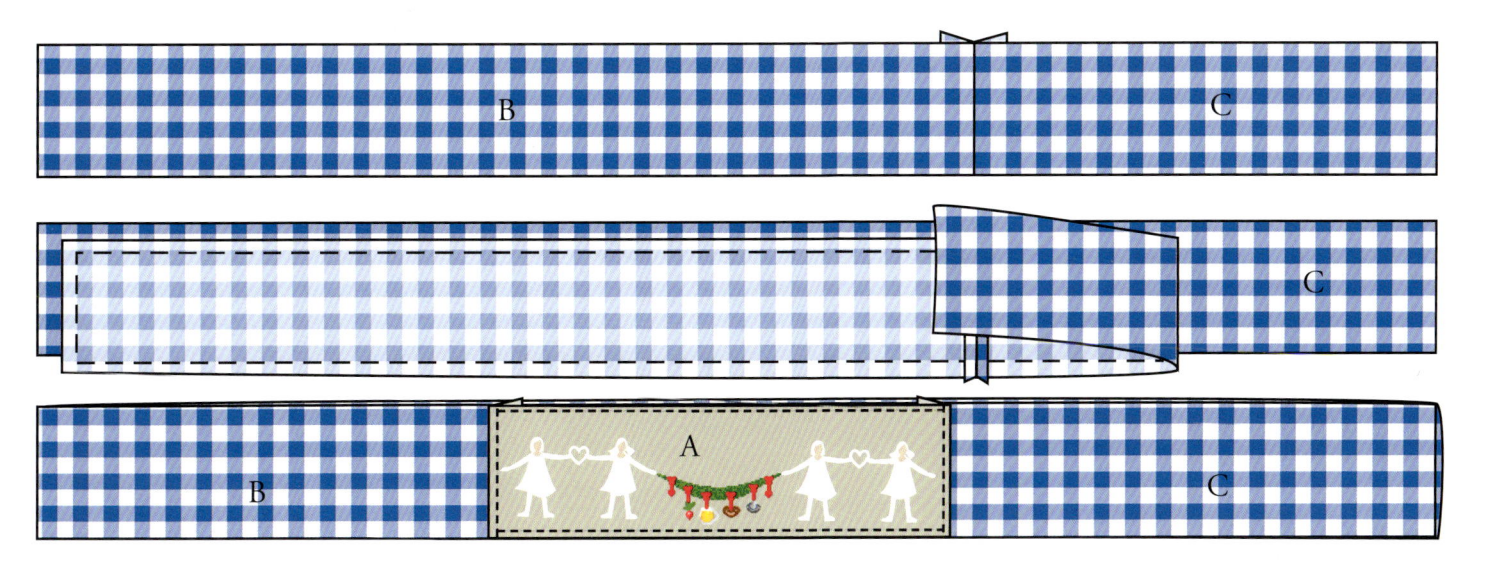

Anleitungen

Herzkränzchen, Seite 22
Durchmesser: 12 cm

Material
- 0,10 cm ungebleichtes Leinen, 12-fädig
- Kranz, handgebunden, mit Accessoires und Schleifen, 12 cm, Art.-Nr. 14095-03

Anleitung
Die Schablone Nr. 4 für das Herz befindet sich auf Seite 215.
- Stickerei im Petit Point mittig auf das Leinen sticken.
- Herz nähen (Seite 140), dafür ebenfalls Leinen für die Rückseite verwenden.

„Bäckers Liebchen", Seite 23
Hier wird eine alte Suppenkelle zu einem dekorativen Blickfang. Die Bäckerin aus handbemaltem Glas steht inmitten feiner Accessoires und Schleifenbänder.

Rucksack „Gamsbock", Seite 24
Gesamtgröße: 32 x 35 cm
Stickereigröße: 18 x 16 cm

Material
- 0,30 m ungebleichtes Leinen, 12-fädig
- 0,35 m schwarz großkarierter Baumwollstoff
- 0,35 m schwarz geblümter Baumwollstoff
- 0,20 m grau melierte Wildseide
- 0,70 m große schwarze Bommelborte
- 0,30 m kleine schwarze Bommelborte
- 1,20 m Volumenvlies zum Aufbügeln
- 2,00 m Schabrackenvlies zum Aufbügeln
- Magnetverschluss

Zuschnitt
- Leinen: (A) 40 x 30 cm
- Geblümter Baumwollstoff: (B) 40 x 30 cm / (C1) 40 x 40 cm / (C2) 40 x 40 cm
- Großkarierter Baumwollstoff: (D1) 40 x 40 cm (D2) 40 x 40 cm
- Wildseide für die Träger: 2 Stück (E) 90 x 10 cm / 2 Stück (F) 35 x 10 cm

Anleitung
Das Stickmuster befindet sich auf Seite 147.
Die Schablonen Nr. 2 und Nr. 3 befinden sich auf Seite 215.
- Stickerei mittig auf das Leinen (A) sticken.
- Aus dem karierten Stoff (D), sowie den geblümten Stoff (C) rechts auf rechts aufeinander legen und die große Schablone darauf übertragen. Auf den geblümten Stoff (B) und das Leinen (A) die Schablone für die Klappe übertragen. Darauf achten, dass die Stickerei mittig unter der Schablone liegt.
- An dieser Umrisslinie entlang ausschneiden.
- Volumenvlies hinter alle Teile bügeln.
- Anschließend Schabrackenvlies hinter alle Teile bügeln. Alle Vlieseinlagen bündig abschneiden.
- Die Bommelborte komplett um die Rundung vom Leinen (A) nähen.

Träger
- Für die Träger (E) und (F) das Volumenvlies hinter die Stoffstreifen bügeln. Jeden Stoffstreifen jeweils rechts auf rechts an der Längsseite aufeinander legen und zusammennähen. Dabei eine Seite spitz zulaufen lassen. Den Streifen wenden.
- Die längeren Träger (E) 3 cm vom Rand oben an das Leinen (A) annähen.
- An das Vorderteil (D.1) seitlich die kürzeren Träger einnähen.
- Leinen (A) rechts auf rechts auf die Rückenseite (D.2) legen und an der geraden Seite aneinander nähen. Zuschnitt (C.1) auf (D.1), sowie Futter für die Klappe (B) auf das Futter des Rückenteils (C.2) legen und die geraden Seite ebenfalls schließen.
- Für die Klappe (A) und (B) rechts auf rechts aufeinander legen und die Klappenrundung zusammennähen. Darauf achten, dass die Bommelborte nicht mit eingenäht wird.
- Futter (C.1) und (C.2) der Tasche rechts auf rechts aneinannder nähen und eine 10 cm lange Wendeöffnung lassen.
- Die Vorderseite (D.1) mit dem Rückenteil (D.2) der Tasche aneinander nähen.
- Die Tasche durch die Wendeöffnung im Futter wenden und diese anschließend mit kleinen Saumstichen schließen.
- Herz mit kleiner Bommelborte nähen (siehe Seite 140).

Anleitungen

Zuschnitte

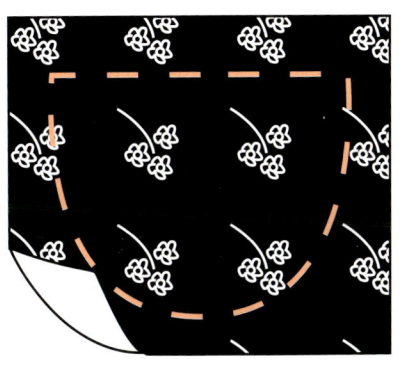

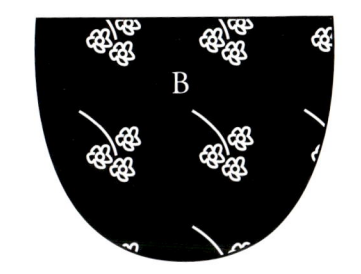

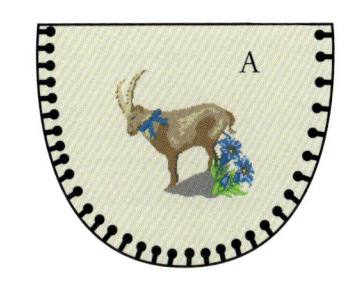

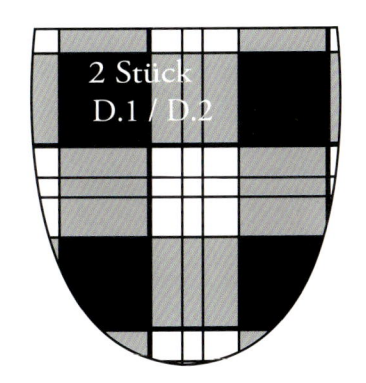

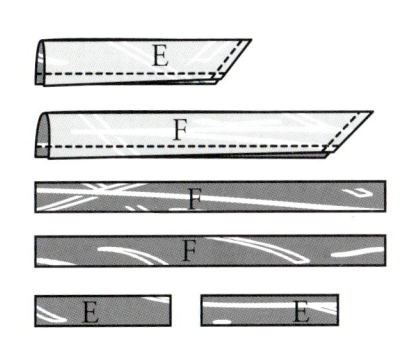

2 Stück C.1 / C.2

2 Stück D.1 / D.2

Zusammennähen

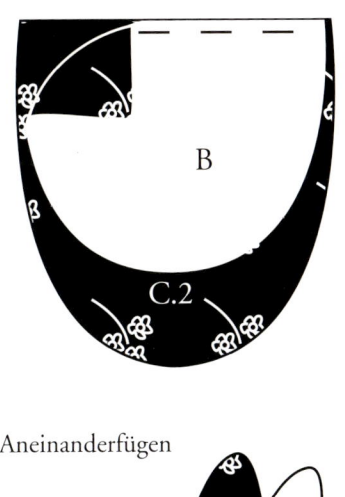

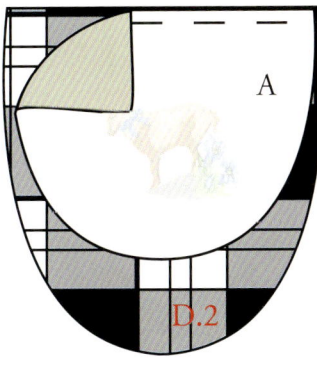

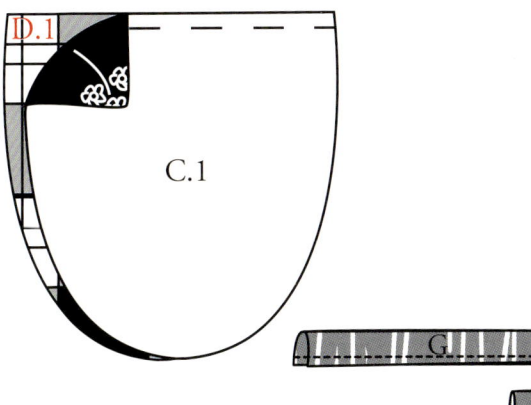

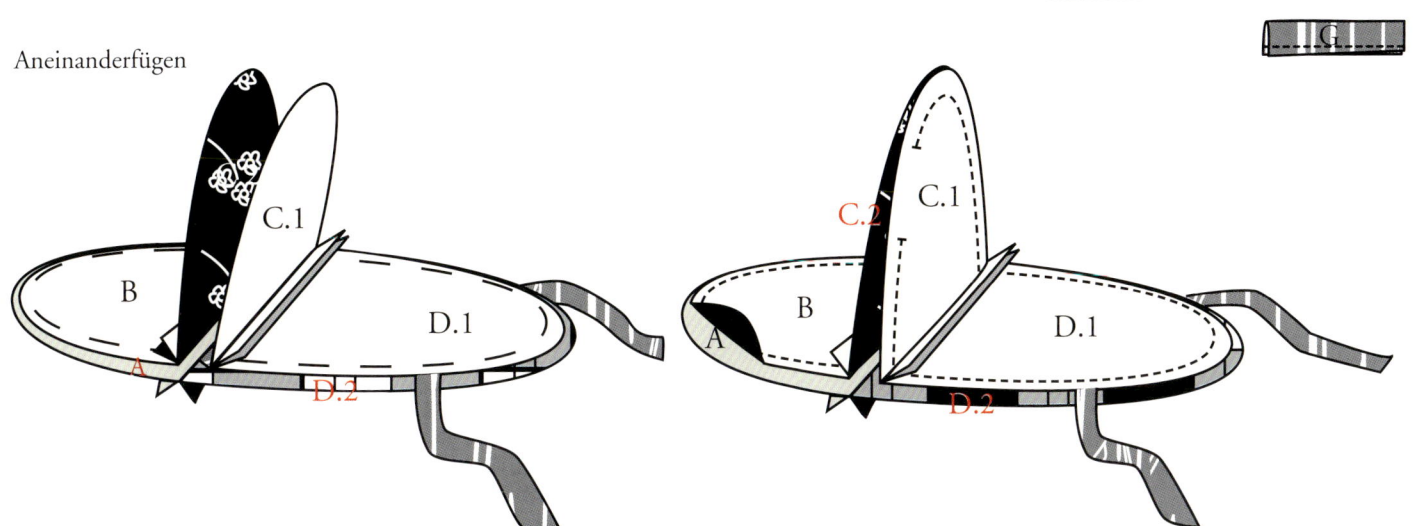

Aneinanderfügen

Anleitungen

Herzduo „Edelweiß", Seite 26
Herzgröße: groß 16 x 30 cm, mittel 6 x 7 cm, klein 6 x 5
Stickereigröße: groß 8 x 10 cm, mittel / klein 2 x 1,5 cm

Material
- 0,20 m ungebleichtes Leinen, 12-fädig
- 0,20 m grün karierter Baumwollstoff
- 1,20 m grünes Satinband, gepunktet
- 0,50 m elfenbeinfarbenes Satinband
- Füllwatte
- Metallanhänger Rose, Kreuz und Herz
- 4 weiße Schnitzknöpfe, Ornamente
- 6 Swarovski-Glasschliffherzen, groß

Anleitung
Die Stickmuster befinden sich auf Seite 152 und 183.
Die Schablonen Nr. 5 und Nr. 6 befinden sich auf Seite 215.
- Stickerei im Kreuzstich und im Petit Point mittig auf das jeweilige Leinen sticken.
- Die Herzen nähen (Seite 140), dafür den grün karierten Stoff für die Rückseiten verwenden und das Satinband als Aufhänger annähen.
- Das große und das kleine Herz werden mit Satinband verbunden und mit Metallanhängern verziert.

Brosche „Edelweiß", Seite 26
- 0,10 m ungebleichtes Leinen, 12-fädig
- Swarovski-Kristallschliffperlen, kristallfarben
- Metallanhänger, Herz
- Broschenfassung

Anleitung
Das Stickmuster befindet sich auf Seite 183.
- Stickerei im Petit Point mittig auf das Leinen sticken.
- Das Leinen kreisförmig größer als die Fassung des Siebes der Broschenfassung zuschneiden.
- Rundherum reihen und den Faden zusammenziehen.
- Das Leinen mit einem zweiten Leinenkreis in Größe der Fassung unterlegen, damit das Metall nicht durchschimmert.
- Die Glasperlen werden erst einzeln an das Teil genäht, anschließend mit Faden durch alle Perlen durchziehen und stramm ziehen, so ergibt sich eine gleichmäßige Rundung.
- Metallherz mit einigen Stichen am untern Rand befestigen.

Windlicht
Das Windlicht mit einer Stoffmanschette versehen und eine Satinschleife umbinden. Mit weißen Knöpfen und Kristallschliffherzen verzieren und mit einem genähtem Herz mit gesticktem Edelweiß versehen.

Herzkette „Enzian", Seite 28
Gesamtgröße; 30 x 16 cm
Stickereigröße in Petit Point: 3 x 4 cm

Material
- 0,15 m ungebleichtes Leinen, 12-fädig
- 0,15 m grün karierter Baumwollstoff
- 4,00 m grün gepunktetes Satinband
- 2,00 m blau gepunktetes Satinband
- Füllwatte

Anleitung
Das Stickmuster befindet sich auf Seite 152.
Die Schablonen Nr. 7 und Nr. 8 befinden sich auf Seite 215.
- Stickerei im Petit Point mittig auf das Leinen sticken.
- Herz nähen (Seite 140), für das gestickte Herz den grün karierten Stoff für die Rückseite verwenden.
- Grün gepunktetes Satinband doppelt legen und als Aufhänger rechts und links an den kleinen Herzen einnähen.
- Die Herzen mit kleinen Saumstichen aneinander nähen und auf die Nahtstellen zwei blaue Schleifen aufsetzen.

Wandbehang „Maibaum", Seite 30
Gesamtgröße: 20 x 93 cm
Stickereigröße in Kreuzstich und Petit Point: 9 x 30 cm

Material
- 0,35 m braun karierter Baumwollstoff
- 1,00 m hellblaues Leinenband, 12 cm breit
- 0,30 m Klettband
- Maibaumkranz, fertig dekoriert mit Schmuckbügel, Schleifen und Metallanhängern, Art.-Nr. 14095-04

Zuschnitt
- Brauner Baumwollstoff: 32 x 100 cm
- Hellblaues Leinen: 12 x 90 cm

Anleitung
Das Stickmuster befindet sich auf Seite 150/151.
- Stickerei mittig auf das Leinen sticken.
- Braunen Baumwollstoff mit Briefecken säumen, dabei hat der Saum eine Breite von 3 cm.
- Blaues Leinenband an beiden Enden säumen und oben am braunen Stoff annähen.
- Bänder mit einem Klettband am Schmuckbügel befestigen.

Kissen „Ma chèrie", Seite 32

Gesamtgröße 60 x 30 cm

Stickereigröße im Kreuzstich 16 x 15 cm

Material
- 0,25 m gebleichtes Leinen, 12-fädig
- 0,65 m schwarzer Samt
- 0,60 m kleine Bommelborte
- 1,80 m große Bommelborte
- 0,50 m hellrosa Satinband, 6 mm breit
- 1 große hellrosa Satinrose

Zuschnitt
- Leinen: (A) 25 x 31,5 cm
- Schwarzer Samt: (B) 2 Stück 20 x 31,5 cm, Vorderteil / 2 Stück 61,5 x 50 cm, Rücken - Hotelverschluss

Anleitung

Das Stickmuster befindet sich auf Seite 153.
- Stickerei im Kreuzstich mittig auf das Leinen (A) sticken.
- Kleine Bommelborte mit Hilfe von Textilkleber um das gestickte Herz kleben und mit feinen Stichen von Hand oder mit der Nähmaschine fixieren.
- Zuschnitte (B) links und rechts an das Stickleinen (A) annähen.
- Große Bommelborte um das Vorderteil des Kissens nähen.
- Aus den Zuschnitten für den Rücken einen Hotelverschluss nähen. (Siehe Seite 140)
- Zum Schluss eine Satinschleife mit Satinrose aufnähen.

Windlicht „Erdbeerherz", Seite 33

Windlichtdurchmesser: 18 cm Höhe: 30 cm

Herzgröße: 6 x 7 cm

Stickereigröße in Petit Point: 1 x 1 cm

Material
- 0,10 m ungebleichtes Leinen, 12-fädig
- 0,50 m schwarze Posamentenborte
- 0,50 m schwarze Rüschenborte
- 0,50 m rotes Samtband, 2 cm breit
- 1,50 m rot gepunktetes Satinband, 1,5 cm breit
- 1,00 m schwarzes Samtband, 1cm breit
- 0,60 m rotes Satinband, 3 mm breit
- 4 kleine rote Satinrosen
- Metallanhänger: Rose, Herz, Kreuz

Anleitung

Das Stickmuster befindet sich auf Seite 182.

Die Schablone Nr. 4 befindet sich auf Seite 215.
- Herz nähen (Seite 140).

Hier haben wir ein Windlicht mit verschiedenen Dekobändern umwickelt. Ob schwarze Rüschenspitze, rot gepunktetes Satinband, rotes Samtband und schwarze Posamentenborte, kombiniert werden kann so viel, wie gefällt. Zusätzlich werden kleine rote Satinrosen und Metallanhänger aufgesetzt. Das Highlight ist das Leinenherz, mit aufgestickter Erdbeere im Petit Point.

Kräuterkränzchen, Seite 34

Durchmesser: 25 cm

Stickereigröße in Petit Point: 1 x 2 cm

Material
- 0,10 m ungebleichtes Leinen, 12-fädig
- Kräuterkranz, handgebunden mit Glasradieschen, Durchmesser 25 cm, Art.-Nr. 14095-05

Anleitung

Das Stickmuster befindet sich auf Seite 182.

Die Schablone Nr. 4 befindet sich auf Seite 215.
- Sticken Sie das Motiv im Petit Point mittig auf das Leinen und nähen Sie daraus ein Herz (Seite 140).
- Herz im Kräuterband am Satinband befestigen.

Herzige Schmuckkollektion, Seite 35

Stickereigröße in Petit Point: max. 2 x 2 cm

Materialien

Für jedes Schmuckstück benötigen Sie ca. 7 x 7 cm ungebleichtes Leinen, 12-fädig.

Ring
- 18 rote Kristallschliffperlen
- 1 kristallfarbene Kristallschliffperle
- Karoband rot-weiß, 5 mm breit
- Ringfassung, 20 mm, größenverstellbar

Ohrringe
- 32 rote Kristallschliffperlen
- 2 rote Kristallschliffperlen, Tropfen
- 2 rote Miniperlen
- Karoband rot-weiß, 5 mm breit
- Ohrringfassungen, 20 mm, 1 Paar mit Klipsen

Anleitungen

Brosche
- 24 rote Kristallschliffperlen
- 1 rote Kristallschliffperle, Tropfen
- 2 rote Miniperlen
- Karoband rot-weiß, 5 mm breit
- Broschenfassung, Sieb, 25 mm

Anleitung

Die Stickmuster befinden sich auf Seite 183.
- Die Motive werden im Petit Point mittig auf das Leinen gestickt.
- Das Leinen kreisförmig größer als die Fassung des Siebes zuschneiden.
- Rundherum reihen und den Faden zusammenziehen.
- Das Leinen mit einem zweiten Leinenkreis in Größe der Fassung unterlegen, damit das Metall nicht durchschimmert.
- Die Glasperlen werden erst einzeln an jedes Schmuckstück genäht, anschließend mit einem Faden durch alle Perlen durchziehen und stramm ziehen, so ergibt sich eine gleichmäßige Rundung.
- Bei Brosche und Ohrring wird die Tropfenperle mit der Miniperle als Abschluss angenäht.

Gürteltasche „Kuhtäschchen", Seite 36

Gesamtgröße 15 x 15 cm
Stickereigröße im Kreuzstich 9 x 6 cm

Material
- 0,20 m ungebleichtes Leinen, 12-fädig
- 0,20 m grün karierter Baumwollstoff
- 0,20 m rosa melierte Wildseide
- 1 kleine rosa Satinrose
- 4 schwarze Blätterknöpfe
- 2 Kristallglasknöpfe
- 0,20 m kleine schwarze Bommelborte
- 0,30 m rosa Satinband, 6 mm breit
- 2,00 m rosa Satinband, 4 cm breit
- 1 Magnetverschluss
- 0,20 m Volumenvlies zum Aufbügeln
- 0,20 m Vlieseline

Zuschnitt
- Leinen: (A) 16,5 x 16,5 cm / (B) 5 x 16,5 cm
- Grün karierter Baumwollstoff: (C) 2,5 x 16,5 cm / (D) 26,5 x 16,5 cm / 2 Stück 10 x 6 cm, Schlaufen
- Rosa melierte Wildseide: (E) 47,5 x 16,5 cm

Anleitung

Das Stickmuster befindet sich auf Seite 154.
- Stickerei im Kreuzstich mittig auf das Leinen (A) sticken.
- Wildseide mit Vlieseline vorbereiten (Seite 139).
- Die einzelnen Zuschnitte laut Abbildung aneinander nähen, dabei zwischen das Leinen und die Seide die Bommelborte einnähen.
- Hinter die Außenseite Volumenvlies bügeln und bündig abschneiden.
- Hinter die Zuschnitte für die Schlaufen Volumenvlies bügeln, zwei Schläuche nähen und diese mit einem Zickzackstich laut Abbildung auf die Tasche steppen.
- 1/3 des Seidenfutters (E) rechts auf rechts umklappen, Seiten bis auf eine Wendeöffnung schließen.
- So ebenfalls 1/3 des Außenteils (A-D) rechts auf rechts umklappen und schließen.
- Das Außenteil auf rechts wenden und in das Futter stecken.
- Die Seiten der Klappe und die obere Seite der Tasche schließen.
- Tasche durch die Wendeöffnung wenden und mit kleinen Saumstichen schließen. Abschließend Knöpfe, Schleife und Satinrose aufsetzen.

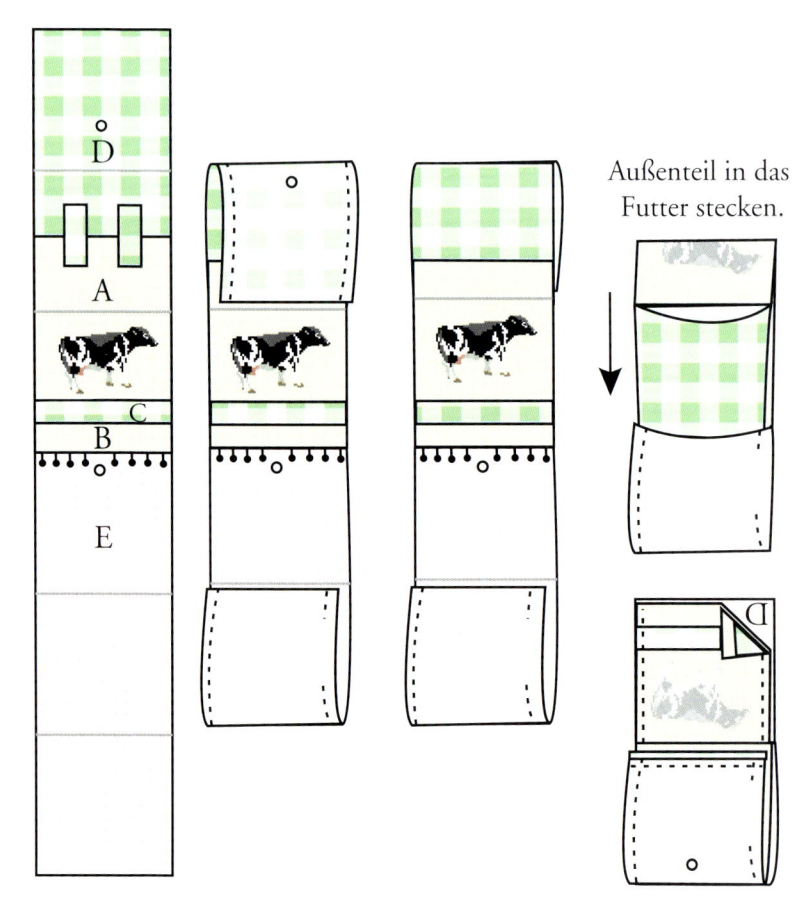

Außenteil in das Futter stecken.

Geschenke „Liebevoll verpackt", Seite 38

Hier sind die Geschenke in schönen Baumwollstoffen verpackt und mit Bändern, Perlen, Blüten und Holzfiguren verziert. So macht Schenken Spaß.

- Schwedenkind mit Paket, Hänger, handbemalt aus Holz, 11 cm hoch, Art.-Nr. 6408-45
- Schwedenkind mit Herz, Hänger, handbemalt aus Holz, 9 cm hoch, Art.-Nr. 6408-43

Kette „Herzklopfen", Seite 40

Material

- 0,10 m ungebleichtes Leinen, 12-fädig
- 0,10 m rosa melierte Wildseide
- 14 rosa Filzkugeln
- 8 große altrosa Satinrosen / 5 kleine altrosa Satinrosen
- 2 weiße Filzherzen / 2 rosa Filzherzen
- 4 kleine Swarovski-Kristallschliffherzen
- 1 großes Swarovski-Kristallschliffherz
- hellrosa Kristallschliffperlen
- Hakenverschluss
- Füllwatte / Nähgarn, extra stark, cremefarben

Anleitung

Das Stickmuster befindet sich auf Seite 182.
Die Schablone Nr. 9 befindet sich auf Seite 215.

- Das Motiv mittig im Petit Point auf das Leinen sticken.
- Herz nähen (Seite 140), dafür die rosa Seide für die Rückseite verwenden
- Die Glasperlen erst einzeln an das Herz nähen, anschließend mit einen Faden durch alle Perlen durchziehen und stramm ziehen, so ergibt sich eine gleichmäßige Rundung.
- Die jeweiligen Schmuckelemente auf extra starkes Nähgarn doppelt genommen auffädeln und den Hakenverschluss annähen.
- Auf die Filzherzen Rosen und Glitzerherzen annähen.

Patchworkdecke „Hirsche im Rosenherz", Seite 42

Gesamtgröße: 92,5 x 92,5 cm
Stickereigröße im Kreuzstich: 14 x 14 cm

Material

- 0,20 m ungebleichtes Leinen
- 0,20 m rote Wildseide
- 0,20 m rosa melierte Wildseide
- 1,00 m rot karierter Baumwollstoff
- 0,20 m braun karierter Baumwollstoff
- 1,00 m Volumenvlies zum Aufbügeln
- 0,80 m Vlieseline zum Aufbügeln
- 3,70 m rot kariertes Schrägband

Zuschnitt

Größe je Quadrat 20 x 20 cm

- Leinen: 2 Quadrate
- Rote Wildseide: 6 Quadrate
- Rosa melierte Wildseide: 6 Quadrate
- Rot karierten Baumwollstoff: 5 Quadrate
- Braun karierten Baumwollstoff: 6 Quadrate

Anleitung

Die Stickmuster befinden sich auf Seite 155 und 159.

- Stickerei im Kreuzstich mittig auf die Leinenstücke sticken.
- Vlieseline hinter Leinen und Wildseide bügeln (Seite 139).
- Quadrate im Patchwork laut Abbildung aneinander nähen (Seite 141).
- Zusammenfügen von Vorder- und Rückenteil zusammen mit dem Volumenvlies (Seite 141).
- Alle Nähte quilten (Seite 141).
- Decke mit Schrägband (Seite 142) oder Binding (Seite 142) einfassen.

Anleitungen

Patchwork-Kissen, Seite 45

Gesamtgröße 40 x 40 cm

Material

- 0,20 m rote Wildseide
- 0,20 m rosa melierte Wildseide
- 1,00 m rot karierter Baumwollstoff
- 0,20 m braun karierter Baumwollstoff
- 0,15 m Vlieseline zum Aufbügeln

Zuschnitt

Größe je Quadrat 11,5 x 11,5 cm

- Rote Wildseide: 4 Quadrate
- Rosa melierte Wildseide: 4 Quadrate
- Rot karierter Baumwollstoff: 4 Quadrate / 50 x 41,5 cm und 60 x 41,5 cm für den Rücken
- Braun karierter Baumwollstoff: 4 Quadrate

Anleitung

- Vlieseline hinter Wildseide bügeln (Seite 139).
- Quadrate im Patchwork laut Abbildung aneinander nähen (Seite 141).
- Aus den Zuschnitten für den Rücken einen Hotelverschluss nähen. (Siehe Seite 140).

Handytasche, Seite 46

Gesamtgröße: 8,5 x 14 cm

Stickereigröße in Petit Point: 1,4 x 1,4 cm

Material

- 0,10 m ungebleichtes Leinen
- 0,10 m rot karierter Baumwollstoff
- 0,10 m rosa melierte Wildseide
- 0,20 m rote Posamentenborte
- 1 große rote Satinrose
- 0,05 m Klettband

Zuschnitt

- Leinen: (A) 10 x 6,5 cm
- Rot karierter Baumwollstoff: (B) 10 x 6 cm / (C) 10 x 4,5 cm / (D) 10 x 13,5 cm
- Rosa melierte Seide: (E) 2 Stück 10 x 13,5 / (F) 4,5 cm breiter Streifen, Rüschenkante

Anleitung

Das Stickmuster befindet sich auf Seite 182.

- Stickerei im Petit Point mittig auf das Leinen (A) sticken.
- Rot karierte Zuschnitte (B) und (C) oben und unten an das Leinen nähen.
- Volumenvlies hinter Vorderteil (A/B/C), Rückenteil (D) und Futter (E) bügeln.
- Posamentenborte auf die Nähte des Vorderteils setzen und mit kleinen Stichen festnähen.
- Ein 2 x 2 cm großes Stück Klettband als Verschluss einfügen.
- Vorder- und Rückenteil an den Seiten und am Boden aneinander nähen.
- Eine Rüsche aus rosa Wildseide nähen (Seite 142) und am oberen Taschenrand annähen.
- Futter (E) an den Seiten und am Boden bis auf eine 5 cm lange Wendeöffnung aneinander nähen und oben an das Außenteil nähen. Die Rüsche so umschlagen, dass sie nicht mit in die Nahtzugabe eingenäht wird.
- Tasche auf rechts ziehen und die Wendeöffnung schließen.
- Eine rote Satinrose aufsetzen.

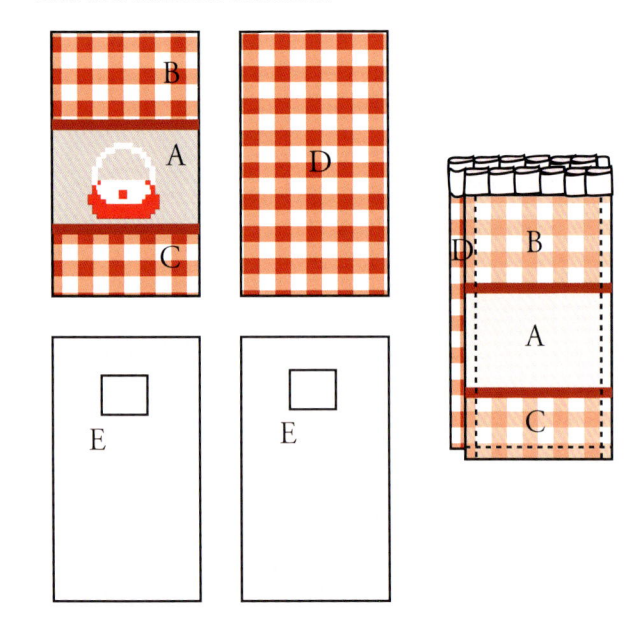

Schlüsselanhänger, Seite 46

Gesamtgröße: 7 x 20 cm

Stickereigröße in Petit Point: 1,8 x 1,3 cm

Material

- 0,10 m ungebleichtes Leinen
- 0,10 m roten Samt
- Rosenknopf aus Kunstharz
- schwarzer Hirschknopf
- 0,20 m schwarzes Samtband, 1 cm breit
- 1 rote kleine Satinrose
- 1 schwarzer Perlenanhänger
- 0,20 m rotes Satinband, 3 mm breit

Anleitung

Das Stickmuster befindet sich auf Seite 182.

Die Schablone Nr. 4 befindet sich auf Seite 215.

- Stickerei in Petit Point mittig auf das Leinen sticken.
- Die Herzen nähen (Seite 140), dafür den roten Samt für die Rückseite und das schwarze Samtband als Aufhänger verwenden.
- Rosen, Knöpfe und schwarze Perlenanhänger laut Abbildung annähen.

Kropfband „Herzen", Seite 47

Gesamtgröße 75 x 4 cm

Material

- 0,10 m rote Wildseide
- 0,30 m Tüllrosenband, schwarz, 5 cm breit
- 4 kleine und 1 große rote Satinrose
- 2 Swarovski-Kristallschliffherzen
- 2 kleine Herzen und 1 großes Herz aus Metall
- 0,10 m Vlieseline

Zuschnitt

2 Streifen Seide à 4,5 x 75 cm

Anleitung

- Die Seidenzuschnitte mit Vlieseline unterbügeln.
- Auf einen Zuschnitt mittig das Tüll-Rosenband aufnähen.
- Die Zuschnitte rechts auf rechts aufeinander nähen und wenden. Die Enden spitz zulaufen lassen. An die Enden kleine Satinrosen annähen.
- Laut Abbildung die verschiedenen Schmuckaccessoires aufnähen.

Pracht-Rosenherz, Seite 49

Gesamtgröße: 35 x 35 cm

Material

- Rosenherzkranz, handgebunden, mit handbemalten Glasherz „Spatzl" und Satinbändern, Art.-Nr. 14095-05

Tasche „Für Dich", Seite 50

Gesamtgröße: 40 x 43 cm

Stickereigröße in Kreuzstich: 16 x 14 cm

Material

- 0, 25 m ungebleichtes Leinen
- 0,45 m rosa melierte Wildseide
- 0,15 m rot karierter Baumwollstoff
- 0,65 m Vlieseline zum Aufbügeln
- 1,00 m Volumenvlies zum Aufbügeln
- 2,50 m rosa Satinband, 4 cm breit

Zuschnitt

- Leinen: (A) 21,5 x 21,5 cm
- Rot karierter Baumwollstoff: 6 Stück: (B) 11,5 x 11,5 cm / (C) 41,5 x 41,5 cm, Rücken / (D) 2 Stück: 60 x 10,5 cm, Träger
- Rosa melierte Wildseide: 6 Stück: (E) 11,5 x 11,5 cm / 2 Stück: (F) 41,5 x 41,5 cm, Futter

Anleitung

Das Stickmuster befindet sich auf Seite 156.

- Stickerei im Kreuzstich mittig auf das Leinen (A) sticken.
- Vlieseline hinter Leinen und Wildseide bügeln (Seite 139).
- Quadrate im Patchwork laut Abbildung aneinander nähen (Seite 141).
- Volumenvlies hinter Vorderteil (A/B/E), Rückenteil (C) und Futter (F) bügeln.
- Vorder- und Rückenteil an den Seiten und am Boden aneinander nähen.
- Eine Rüsche aus dem Satinband nähen (Seite 142) und am oberen Taschenrand annähen. - Für die Träger (D) das Volumenvlies hinter die Stoffstreifen bügeln.
- Jeden Stoffstreifen jeweils rechts auf rechts an der Längsseite aufeinander legen und zusammen nähen. Den Streifen wenden.
- Die Träger (D) bügeln, so dass die Naht mittig auf der Unterseite liegt. 10 cm vom Rand an Vorder- und Rückenteil oben an der Tasche annähen.
- Futter (E) an den Seiten und am Boden bis auf eine 10 cm lange Wendeöffnung aneinander nähen.
- Innenfutter auf rechts wenden und in das Außenteil stecken (Träger liegt innen).
- Oberkanten von Futter und Außenteil aneinandernähen.
- Tasche auf rechts ziehen, die Wendeöffnung schließen und das Innenfutter in die Tasche stecken.

Anleitungen

Skizze Tasche „Für Dich"

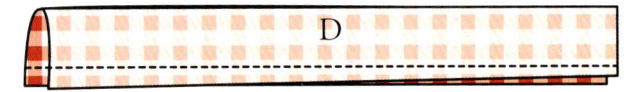

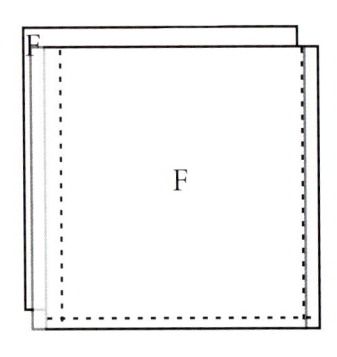

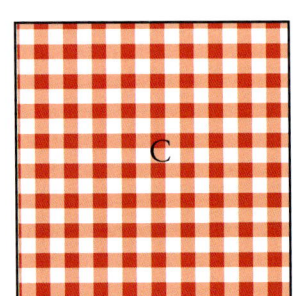

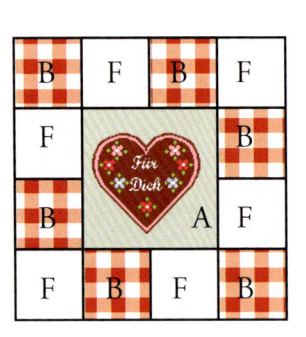

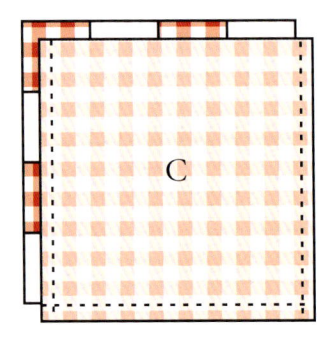

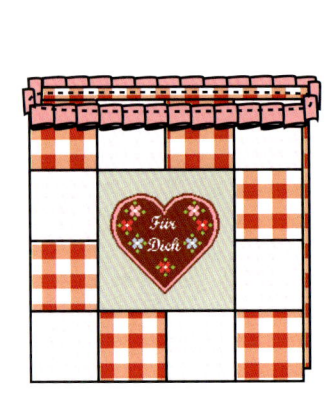

T-Shirt „Mädchenträume", Seite 52

Pilz-Brosche

Material

- 0,10 m ungebleichtes Leinen
- Broschenfassung, Sieb, 25 mm
- 0,20 m rote Kordel
- 1 kleine rote Satinrose
- 0,20 m Karoband rot-weiß, 5 mm breit

Anleitung

Das Stickmuster befindet sich auf Seite 183.

- Stickerei im Petit Point mittig auf das Leinen sticken.
- Das Leinen kreisförmig größer als die Fassung des Siebes zuschneiden.
- Rundherum reihen und den Faden zusammenziehen.
- Das Leinen mit einem zweiten Leinenkreis in Größe der Fassung unterlegen, damit das Metall nicht durchschimmert.
- Rundherum mit Textilkleber die rote Kordel aufkleben und die Schleife mit Satinrose annähen.

Stoffrosetten

Material

- 0,15 m rot geblümter Baumwollstoff
- 0,15 m rot karierter Baumwollstoff
- 0,15 m rot groß gepunkteter Baumwollstoff
- 3 kleine rote Satinrosen
- 0,20 m Karoband rot-weiß, 5 mm breit
- 1 kleines Swarovski-Kristallschliffherz

Anleitung

- Stoffrosetten herstellen (Seite 143) und laut Abbildung verzieren.

Tasche „Spatzl", Seite 53

Gesamtgröße: 15 x 15 cm

Stickereigröße in Petit Point: 3 x 3 cm

Material

- 0,10 m ungebleichtes Leinen, 12-fädig
- 0,20 m rot karierter Baumwollstoff
- 0,20 m rosa melierte Wildseide
- 0,20 m Volumenvlies zum Aufbügeln
- 3 kleine rosa melierte Satinrosen
- 2,00 m hellrosa Satinband, 2,5 cm breit
- Magnetverschluss

Zuschnitt

- Leinen: (A) 6,5 x 6,5 cm

- Rot karierter Baumwollstoff: (B) 4 Stück 6,5 x 6,5 cm / (C) 46,5 x 16,5 cm
- Rosa melierte Wildseide: (D) 4 Stück 6,5 x 6,5 cm / (E) 31,5 x 6,5 cm

Anleitung

Das Stickmuster befindet sich auf Seite 182.

- Stickerei im Petit Point mittig auf das Leinen (A) sticken.
- Die einzelnen Quadrate im Patchwork laut Abbildung aneinander nähen (Seite 141).
- Das Satinband und den Seidenzuschnitt (E) oben an das Patchworkquadrat annähen.
- Hinter das Außenteil und das Futter jeweils Volumenvlies bügeln.
- Den Magnetverschluss an die Klappe und die Tasche anbringen (Seite 143).
- 1/3 des rot karierten Baumwollstoffes rechts auf rechts umklappen, Seiten schließen.
- So ebenfalls 1/3 des Außenteils rechts auf rechts umklappen und bis auf eine Wendeöffnung schließen.
- Das Außenteil auf rechts wenden und in das Futter stecken.
- Die Seiten der Klappe und die obere Seite der Tasche schließen.
- Tasche durch die Wendeöffnung wenden und mit kleinen Saumstichen schließen.
- Drei Satinrosen laut Abbildung aufsetzen.

Ansteckaccessoire „Ziege", Seite 54

Gesamtgröße: 10 x 10 cm
Stickereigröße im Kreuzstich: 6 x 6 cm

Material

- 0,10 m gebleichtes Leinen, 12-fädig
- 0,10 m rosa melierte Wildseide
- 2 kleine rote Satinrosen
- 1 große rosa Satinrose
- 0,50 m rot gepunktetes Satinband, 1,5 cm breit
- 0,50 m Karoband rot-weiß, 1,5 cm breit
- 0,70 m hellrosa Satinband, 6 mm breit
- Broschennadel

Anleitung

Das Stickmuster befindet sich auf Seite 154.
Die Kreisschablone Nr. 11 befindet sich auf Seite 215.

- Stickerei im Kreuzstich mittig auf das Leinen sticken.
- Den Kreis nähen (vgl. Herz nähen Seite 140), dafür die rosa Seide für die Rückseite verwenden.

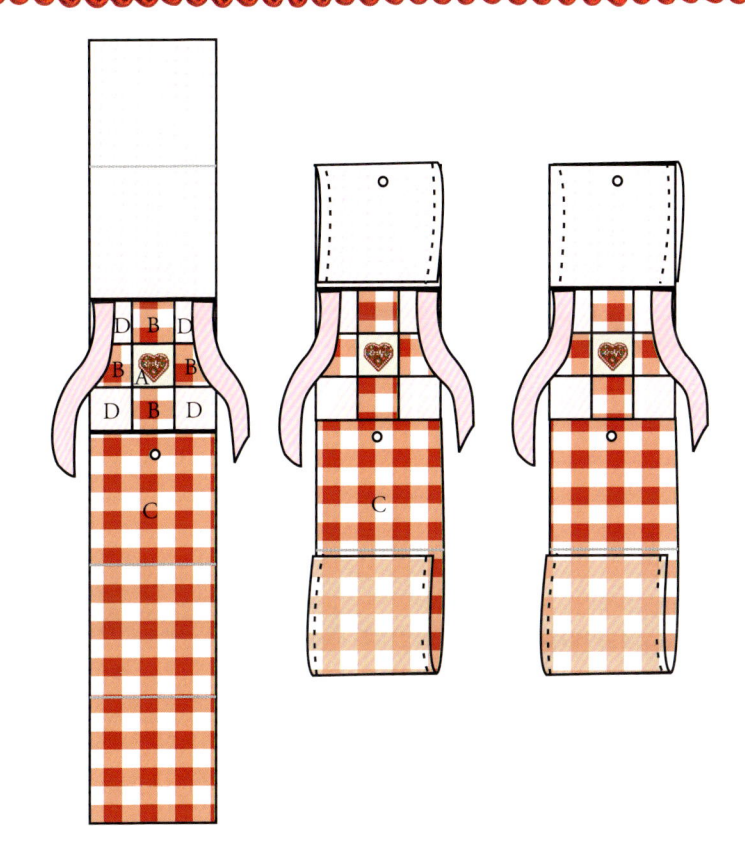

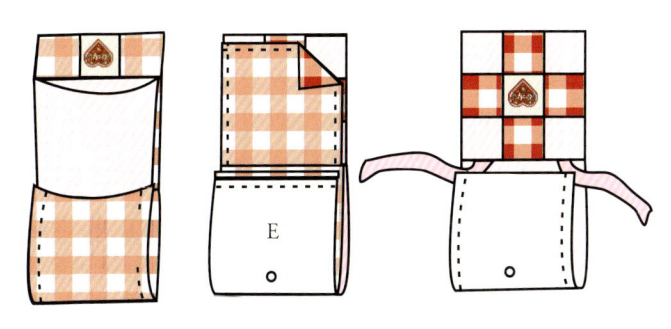

Auf die Rückseite des Kreises die Dekobänder doppelt gelegt anbringen.

- Eine Rüsche nähen (Seite 142). Die Rüsche von hinten am Kreis mit kleinen Saumstichen festnähen. Die Naht auf Wunsch mit einer Borte verdecken.
- Eine Schleife aus dem rosa Satinband binden und laut Abbildung aufbringen. Die Schleifen mit Satinrosen verzieren.
- Eine Broschennadel hinten aufnähen.

Anleitungen

Ansteckaccessoire „Schwein", Seite 55

Gesamtgröße: 10 x 6 cm

Stickereigröße im Kreuzstich: 7 x 4 cm

Material

- 0,10 m gebleichtes Leinen, 12-fädig
- 0,10 m rosa melierte Wildseide
- 2 große hellrosa Satinrosen / 2 große altrosa Satinrosen
- 4 kleine rosa Satinrosen / 2 kleine hellrosa Satinrosen
- 32 rosa Kristallschliffperlen
- 0,30 m hellrosa Satinband, 6mm breit
- Broschennadel
- Füllwatte

Anleitung

Das Stickmuster befindet sich auf Seite 154.

Die Schablone Nr. 10 für das Oval befindet sich auf Seite 215.

- Stickereien mittig auf das Leinen sticken.
- Das Oval nähen (vgl. Herz nähen Seite 140), dafür die rosa Seide für die Rückseite verwenden.
- Die Satinrosen nebeneinander unten am Oval aufnähen.
- Immer abwechselnd acht Glasperlen auffädeln und eine Satinrose auf den Faden ziehen. Die Kette an den Rosen annähen.
- Eine Satinschleife mittig aufsetzen.
- Mit einer Anstecknadel befestigen.

Teller „Rosenzauber", Seite 56

Durchmesser: 30 cm

Material

- Rosengesteck auf rotem Metallteller, fertig dekoriert, mit 6 handbemalten Glasherzen, Satin- und Samtschleifen, Art.-Nr. 14095-06

Wandbehang „I mog di", Seite 58

Gesamtgröße: 20 x 100 cm

Stickereigröße im Kreuzstich: 17 x 20 cm

Material

- 0,30 m rosa Leinenband, 20 cm breit, 11-fädig
- 0,90 m rosa kariertes Leinenband, 20 cm breit, 11-fädig
- 0,60 m pinkfarbenes Satinband, 2,5 cm breit
- Metallanhänger, Rose, Herz und Kreuz
- 1 große hellrosa Satinrose
- 1,20 m rosa Satinband, 4 cm breit
- 1,20 m Samtband, bordeaux, 1cm breit
- Rosenbukett, handgebunden, mit Satin- und Samtschleife, Art.-Nr. 14095-07
- weißer Herz-Schmuckbügel, für 20 cm breite Bänder, Art.- Nr. 6606
- 0,20 m Klettband

Anleitung

Das Stickmuster befindet sich auf Seite 157.

- Stickerei im Kreuzstich mittig auf das rosa Leinenband sticken.
- Rosa kariertes Leinenband an beiden Enden mit einem 2,5 cm breiten Saum versehen.
- Aus dem pinkfarbenem Satinband eine Rüsche nähen (Seite 142) und diese 40 cm von unten auf das rosa karierte Leinenband steppen.
- Rosa Leinenband an den Schmalseiten säumen und auf das karierte Leinenband steppen, so dass die Naht des Rüschenbandes verdeckt wird.
- Band mit einem Klettband am Schmuckbügel befestigen.
- Den Schmuckbügel mit einer Schleife aus Satin- und Samtband verzieren und die Metallanhänger laut Abbildung auf setzen. Rosenbukett mit feinem Draht am Band befestigen.

Gardine „Sommerhirsche", Seite 61

Gesamtgröße 120 x 32 cm breit

Stickereigröße im Kreuzstich 56 x 17 cm

Material

- 1,30 m gebleichtes Leinenband, 26 cm breit, 11-fädig
- 1,80 m gebleichtes Leinenband, 5 cm breit, 11-fädig
- 1,50 m rot karierter Baumwollstoff für Gardine
- 0,40 m braun karierter Baumwollstoff für Gardinenschleife

Anleitung

Die Stickmuster befinden sich auf Seite 158 – 160.

- Stickerei im Kreuzstich mittig auf das Leinenband sticken.
- Für die Schlaufen das Leinenband in 9 Streifen à 20 cm teilen.
- An den Enden eine Nahtzugabe von je 2 cm umschlagen. Ein Ende auf die Vorderseite und das andere Ende auf die Rückseite der Gardine stecken und knappkantig festnähen.

Übergardinen

Zuschnitt

- Roter Baumwollstoff: 2 Stück 75 x 125 cm
  2 Stück 75 x 25 cm
- Brauner Baumwollstoff: 20 x 150 cm, Schleifenbänder

Anleitung

- Die Zuschnitte säumen: Den langen Zuschnitt mit einem 5 cm breiten Saum, den kürzeren Zuschnitt mit einem 3 cm breiten Saum, die Seiten mit einem 1 cm breiten Saum.

Anleitungen

- Die gesäumten Zuschnitte aufeinander nähen.
- Oben für die Gardinenstange einen 3 cm breiten Tunnel absteppen.
- Die Schleifenbänder an der Längsseite rechts auf rechts legen und bis auf eine Wendeöffnung zusammennähen. Durch die Öffnung wenden, bügeln und die Öffnung mit kleinen Saumstichen schließen.

Suppenkelle „Schutzengel", Seite 60

Aus einer Suppenkelle, einem Tiroler Schutzengel, Floristik und feinen Accessoires ist hier eine außergewöhnliche Wandgestaltung entstanden.

Tasche „Almabtrieb", Seite 62

Gesamtgröße 30 x 30 cm
Stickereigröße in Petit Point 8 x 10 cm

Material

- 0,15 m gebleichtes Leinen
- 0,40 m schwarze Wildseide
- 0,25 m schwarzer großkarierter Baumwollstoff
- 0,15 m grau melierte Wildseide
- 0,15 m rote Wildseide
- 1,00 m Schabrackenvlies
- 0,35 m Volumenvlies zum Aufbügeln
- 0,80 m große Bommelborte
- 0,80 m Samt-Einfassband, schwarz
- 0,30 m Samtband, schwarz, 1 cm breit
- 1,00 m Tüllrosenband
- 3 Magnetverschlüsse
- 1 Kristallglasknopf

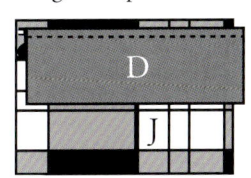

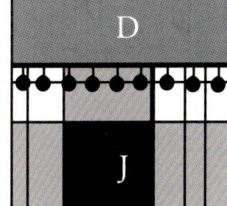

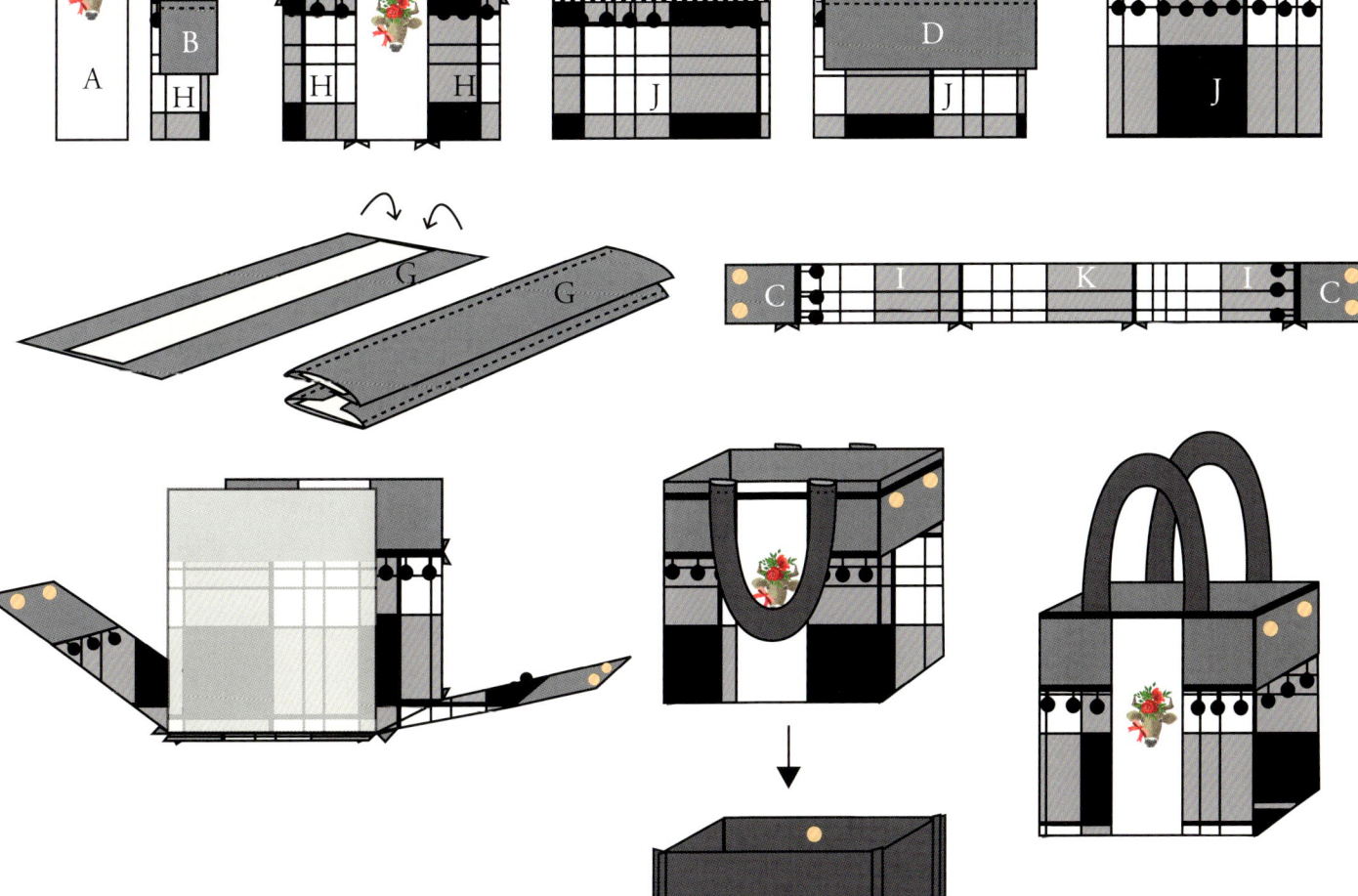

Zuschnitt

- Leinen: (A) 11,5 x 31,5 cm
- Schwarze Seide: 2 Stück: (B) 11,5 x 11,5 cm / 2 Stück (C) 9,5 x 11,5 cm / (D) 31,5 x 11,5 cm (E) 2 Stück 31,5 x 31,5 cm / (F) 3 Stück 9,5 x 31,5 cm (G) 4 Stück 7 x 50 cm , Träger
- Karierter Baumwollstoff: 2 Stück: (H) 11,5 x 21,5 cm / 2 Stück: (I) 9,5 x 21,5 cm / (J) 31,5 x 21,5 cm (K) 9,5 x 31,5 cm

Anleitung

Das Stickmuster befindet sich auf Seite 161.

Außenteil Tasche

- Stickerei im Petit Point mittig auf das Leinen (A) sticken.
- Leinen und Wildseide mit Vlieseline vorbereiten (Seite 139).
- Magnetverschlüsse an die Seitenteile (C) anbringen.
- Die einzelnen Stoffstücke für die Seiten, das Vorder- und Rückenteil laut Abbildung aneinander nähen, dabei zwischen den karierten Stoff und die Seide die Bommelborte einnähen. Hinter die zusammengenähten Teile Schabrackenvlies bügeln. Die Ränder bündig abschneiden.
- Seiten an den Boden nähen.
- Vorder- und Rückenteil an Boden nähen.
- Die Seiten mit dem Vorder- und Rückenteil aneinander nähen, so dass sich die Tasche schließt.
- Den Rand rundherum mit Samt-Einfassband einfassen.

Innenfutter Tasche

- Volumenvlies hinter die Zuschnitte E und F bügeln und die Teile wie das Außenteil zusammennähen. An der Seite eine 10 cm lange Wendeöffnung lassen.
- Die Magnetverschlüsse jeweils 4 cm vom oberen Rand mittig an beide Teile (E) anbringen.

Träger

- Je einen 5 cm breiten Streifen Schabrackenvlies mittig hinter Zuschnitt G bügeln, die Nahtzugabe auf die Rückseite des Streifens knicken und an beiden Seiten festnähen.
- Bei den zwei schmaleren Streifen die Nahtzugabe umbügeln, das Chiffonrosenband um den Streifen legen und festnähen.
- Die zwei Streifen aufeinander legen und mit zwei Nähten rechts und links schließen.
- Die Träger 5 cm von der Seite rechts auf rechts an das Außenteil der Tasche annähen.

Zusammenfügen der Taschenteile

- Das Innenfutter auf rechts wenden und in das Außenteil stecken (Träger liegt innen).
- Die Oberkanten der Tasche aneinander nähen.
- Die Tasche komplett durch die Wendeöffnung in der Seitennaht auf rechts wenden.
- Die Wendeöffnung mit kleinen Saumstichen schließen und das Innenfutter in die Tasche stecken.
- Rosen aus Wildseide nähen (Seite 140) und auf der Tasche anbringen
- Samtschleife mit Glasknopf aufsetzen.

Rosencollier, Seite 64

Gesamtlänge 50 cm

Material

- 1 Rosenschließe
- 20 rosa Perlen
- 1 Nietstift
- 15 Kettelstifte
- 10 große hell rosa Satinrosen
- 5 kleine altrosa Satinrosen
- 6 rosa Fassettenkugeln
- 2 schwarze Schnitzknöpfe, Kreis
- 2 schwarze Schnitzknöpfe, Blüte
- 1 schwarzer Schnitzknopf, Rechteck
- Nähgarn extra stark

Anleitung

- Die jeweiligen Schmuckelemente auf die Kettelstifte auffädeln und die Stifte mit dem Seitenschneider auf die richtige Länge kürzen.
- Die einzelnen Kettelstifte miteinander verbinden. Dafür werden die Stifte mit der Rundzange gebogen. Die Öse wird zuerst im rechten Winkel gebogen und dann zur anderen Seite in eine Rundung gebogen.
- Die Rosen werden mit schwarzem Garn auf die Knöpfe aufgenäht.
- Für das hängende Detail am eckigen Knopf wird ein Nietstift verwendet.

Ansteckaccessoire „Rehkitz", Seite 65

Gesamtgröße 7 x 9 cm

Stickereigröße im Kreuzstich 4,5 x 5 cm

Material

- 0,10 m gebleichtes Leinen, 12-fädig
- 0,10 m rosa melierte Wildseide
- 1 große hellrosa Satinrose
- 1 kleine hellrosa Satinrose
- 1 kleine altrosa Satinrose
- 1 Swarovski-Kristallschliffherz
- 5-6 weiße Glaswachsperlen, 6 mm
- 1 rosa Filzkugel
- 0,50 m rosa Satinband, 6 mm breit
- Füllwattte
- Sicherheitsnadel zum Anstecken

Anleitung

Das Stickmuster befindet sich auf Seite 154.

Die Schablone Nr. 12 befindet sich auf Seite 215.

- Stickerei im Kreuzstich mittig auf das Leinen sticken.
- Das Herz nähen (Seite 140), dafür die rosa Seide für die Rückseite verwenden.
- Das Glasherz an der Spitze festnähen und die Satinrosen auf das Herz setzen.
- Perlen auf einen Faden auffädeln und am Ende mit einer Filzkugel fixieren. Auf die Kugel eine Satinschleife mit Satinrose aufsetzen.
- Das Accessoire wird von links an der Filzkugel mit einer Sicherheitsnadel auf der Bluse befestigt.

Kissen „Almabtrieb", Seite 66

Gesamtgröße: 60 x 30 cm

Stickereigröße im Kreuzstich: 16 x 19 cm

Material je Kissen

- 0,25 m gebleichtes Leinen, 12-fädig
- 0,65 m rot karierter Baumwollstoff bzw. braun karierter Baumwollstoff
- 0,65 m rote Posamentenborte
- 0,35 m rotes Samtband, 2 cm breit
- 0,35 m bordeauxfarbenes Samtband, 1 cm breit

Zuschnitt

- Leinen: (A) 25 x 31,5 cm
- Roter Baumwollstoff: (B) 2 Stück 20 x 31,5 cm / 50 x 61,5 cm, Rückseite / 60 x 61,5 cm, Rückseite

Anleitung

Die Stickmuster befinden sich auf Seite 161 und 162.

- Stickerei im Kreuzstich mittig auf das Leinen (A) sticken.
- Roten Baumwollstoff (B) links und rechts an das Leinen ansetzen.
- Samtbänder laut Foto auf das Vorderteil heften und mit zwei Nähten knappkantig festnähen.
- Posamentenborte laut Abbildung über die Samtbänder auf das Vorderteil legen und mit einer Naht fixieren.
- Für das Rückenteil einen Hotelverschluss nähen (Seite 140).

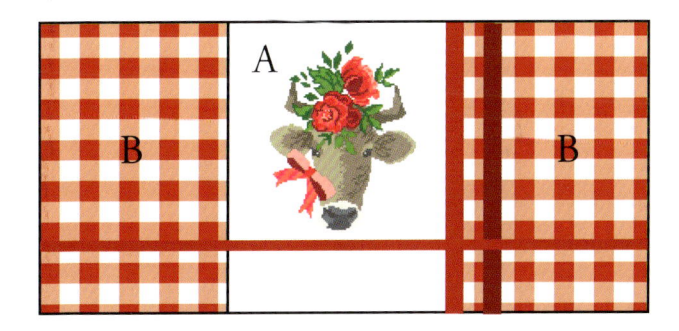

Anleitungen

Bilder Kuhköpfe, Seite 67
Gesamtgröße 30 x 33 cm
Stickereigröße im Kreuzstich 16 x 15 cm

Material
- 0,35 m gebleichtes Leinen
- Landhausrahmen, 30 x 33 cm, Art.-Nr. 9112-4095-01

Anleitung
Die Stickmuster befinden sich auf Seite 161 und 162.
- Die Stickerei im Kreuzstich mittig auf das Leinen sticken.
- Leinen bügeln (Seite 138).
- Die Stickerei rahmen, dafür einen einseitig klebenden Karton verwenden, auf den das Leinen fadengerade aufgezogen wird oder mit Vlies hinterlegen, damit die Stickerei plastisch hervortritt.

Sommerdecke „Rosenhirsch", Seite 69
Gesamtgröße 1,40 x 1,90 m
Stickereigröße im Kreuzstich 19 x 26 cm

Material
- 0,30 m gebleichtes Leinen
- 3,00 m rot karierter Baumwollstoff
- 0,60 m rosa melierte Wildseide
- 0,60 m grün karierter Baumwollstoff
- 0,30 m rosa karierter Baumwollstoff
- 0,30 m grün gestreifter Baumwollstoff
- 0,70 m braun karierter Baumwollstoff
- 4,00 m Volumenvlies, 90 cm breit
- 1,20 m Vlieseline, 90 cm breit
- 1,00 m Vliesofix, 90 cm breit

Zuschnitt
- Leinen: 29,5 x 39,5 cm
- Rosa Seide: 6 Stück 29,5 x 39,5 cm
- Grün gestreifter Baumwollstoff: 3 Stück 29,5 x 39,5 cm
- Grün karierter Baumwollstoff: 6 Stück 29,5 x 39,5 cm
- Rosa karierter Baumwollstoff: 3 Stück 29,5 x 39,5 cm
- Rot karierter Baumwollstoff: 6 Stück 29,5 x 39,5 cm / 1,50 x 2,00 m / Rücken / 5 Streifen à 7,5 cm, Binding

Anleitung
Das Stickmuster befindet sich auf Seite 163.
Als Schablonen für die Tierapplikationen verwenden Sie die Stickmotive von den Seiten 147, 154, 158, 160 und 176. Die Muster werden beliebig auf dem Kopierer vergrößert. Für den Schriftzug „Hüttenzauber" schneiden Sie die Buchstaben freihändig aus.

- Die Stickerei im Kreuzstich mittig auf das Leinen sticken.
- Vlieseline hinter Leinen und Wildseide bügeln (Seite 139).
- Rechtecke im Patchwork laut Abbildung aneinander nähen (Seite 141).
- Die Applikationen werden aus den verbleibenden Baumwollstoffen zugeschnitten.
- Applikationen laut Abbildung aufsetzen und mit einem Knopflochstich fixieren (Seite 143).
- Zusammenfügen von Vorder- und Rückenteil (Seite 141).
- Alle Nähte und rund um die Applikationen quilten (Seite 141).
- Quilt mit Schrägband (Seite 142) oder Binding (Seite 142) einfassen.

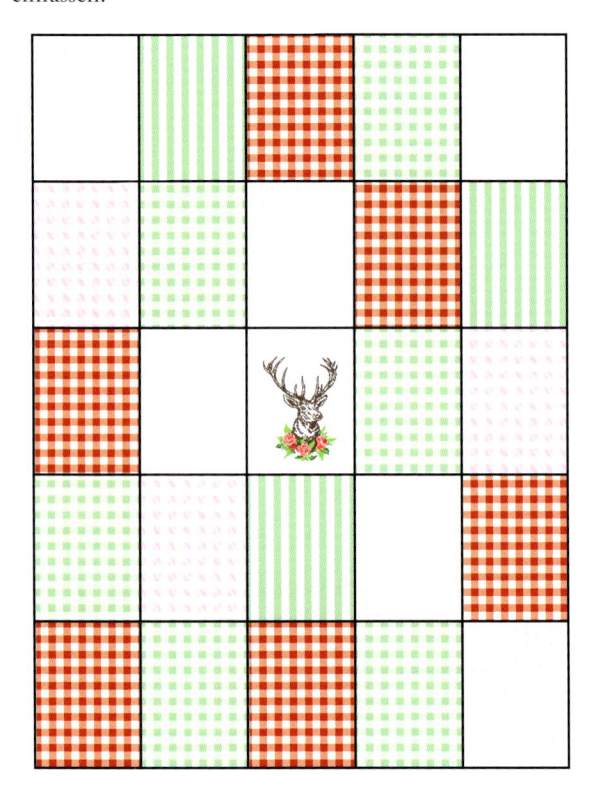

Wandbehang „Rosenhirsch", Seite 71
Gesamtgröße: 50 x 60 m
Stickereigröße in Petit Point: 10 x 13 cm

Material
- 0,20 m gebleichtes Leinen
- 0,60 m rosa melierte Wildseide
- 0,15 m altrosa Wildseide
- 0,50 m Volumenvlies zum Aufbügeln
- 0,60 m Vlieseline
- 0,20 m Rasterquick
- 2 rosa und 2 weiße Filzherzen
- 5 kleine rosa Satinrosen

- 1 große altrosa Satinrose
- 1 große hellrosa Satinrose
- 1,00 m rosa Satinband, 6 mm breit
- je 32 rosa und weiße Kristallschliffperlen
- 1 großes Swarovski-Kristallschliffherz
- 1 kleines Swarovski-Kristallschliffherz

Zuschnitt
- Leinen: (A) 20 x 27 cm
- Rosa melierte Seide: (B) 20 x 17 cm / (C) 20 x 20 cm
  (D) 2 Stück 59,5 x 17,5 cm / 2 Stück 10 x 70 cm, Schleife 50 x 60 cm, Rücken

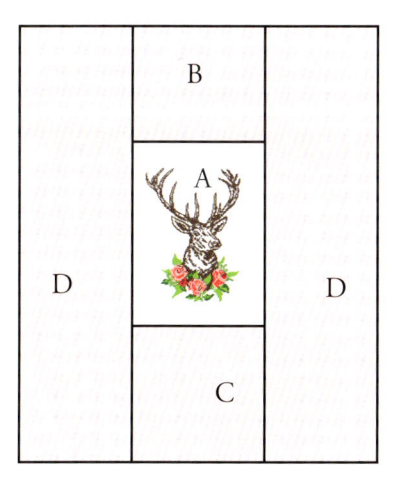

Anleitung

Das Stickmuster befindet sich auf Seite 163.
- Die Stickerei im Petit Point mittig auf das Leinen sticken.
- Vlieseline hinter Leinen und Wildseide bügeln (Seite 139).
- Zuschnitt (B) und (C) mit Rasterquick versehen und in Rautenform abnähen (Seite 144).
- Rechtecke im Patchwork laut Abbildung aneinander nähen (Seite 141).
- Volumenvlies hinter das Vorderteil bügeln und das Rückenteil darunter legen.
- Alle Nähte quilten (Seite 141) und das überstehende Volumenvlies bündig abschneiden.
- Wandbehang mit Schrägband (Seite 142) oder Binding (Seite 142) einfassen.
- Wandbehang mit aus Wildseide genähten Schleifen, Rosen (Seite 140) und Accessoires verzieren.

Kropfband „Rosenhirsch", Seite 72

Gesamtgröße 5 x 36 cm

Material
- 0,10 m rosa melierte Wildseide
- 0,10 m Vlieseline
- 0,75 m schwarze kleine Bommelborte
- 2 schwarze Blätterknöpfe
- 3 kleine hellrosa Satinrosen
- 1 schwarzer Schnitzknopf, Hirsch
- 4 rosa Kristallschliffperlen, Doppelkegel
- 50 kristallfarbene Kristallschliffperlen, Doppelkegel
- 4 Blüten-Kristallschliffperlen
- 2 Kristallglasknöpfe
- 40 schwarze Miniperlen

Zuschnitt
- Rosa Wildseide: 10 x 38 cm

Anleitung
- Den Seidenzuschnitt mit Vlieseline unterbügeln.
- Aus dem Zuschnitt einen Schlauch nähen.
- Von oben und unten auf die rechte Seite die Bommelborte aufsteppen und die Enden schließen.
- Laut Abbildung die Kristallschliffperlen auffädeln und die verschiedenen Schmuckaccessoires aufnähen.
- Als Verschluss werden die zwei Kristallglasknöpfe aufgenäht.
- Die Miniperlen, die zu zwei Schlaufen gefädelt werden, bilden das Gegenstück.

Anleitungen

Halstuch „Rosenhirsch", Seite 73
Gesamtgröße 50 x 50 cm

Material
- 0,50 m rosa karierter Baumwollstoff
- 2,00 m rote Rüschenborte
- schwarze, weiße, rote und grüne Plusterfarben

Anleitung
Der Hirsch wird frei Hand mittels Plusterfarbe auf die Spitze des Tuches gemalt.

Bild „Rosenhirsch", Seite 74
Gesamtgröße: 37 x 43 cm
Stickereigröße im Kreuzstich: 19 x 32 cm

Material
- 0,40 m gebleichtes Leinen, 12-fädig
- Landhausrahmen, Holz, naturfarben, 37 x 43 cm, Art-Nr. 9112-4095-02

Anleitung
Das Stickmuster befindet sich auf Seite 163.
- Die Stickerei im Kreuzstich mittig auf das Leinen sticken.
- Leinen bügeln (Seite 138).
- Die Stickerei rahmen, dafür einen einseitig klebenden Karton verwenden, auf den das Leinen fadengerade aufgezogen wird oder mit Vlies hinterlegen, damit die Stickerei plastisch hervortritt.

Kuckucksuhr, Seite 75
Gesamtgröße: 25 x 40 cm
Stickereigröße im Kreuzstich: 2 x 4 cm

Material
- 0,10 m ungebleichtes Leinen, 12-fädig
- 0,10 m rot karierter Baumwollstoff
- 0,30 m braun karierter Baumwollstoff
- 0,40 m festes Schabrackenvlies zum Aufbügeln
- 1,20 m weiße Zackenlitze
- 0,20 m rote Kordel
- 0,20 m Karoband, rot-weiß, 3 mm breit
- 2 kleine und 2 große rote Satinrosen
- Vogel mit Clip, handbemalt, 7,5 cm lang
- Füllwatte

Zuschnitt
- Roter Baumwollstoff: 2 Stück 28,5 x 5,5 cm / 26,5 x 5,5 cm / 20 x 5,5 cm

Anleitung
Das Stickmuster befindet sich auf Seite 183.
Die Schablone Nr.13, 14, und 15 befinden sich auf Seite 216.
- Die Stickerei im Petit Point mittig auf das Leinen sticken.
- Zwei Ovale nähen, mit roter Kordel als Aufhängung versehen (Seite 140, vgl. Herzen nähen).
- Vorder- und Rückenteil rechts auf rechts zusammenlegen, die Hausschablone auf die linke Seite des Vorderteils über tragen und mit Nahtzugabe ausschneiden.
- Kuckucksloch aufapplizieren (Seite 143) und Zackenlitze laut Abbildung um das Haus legen und mit Textilkleber fixieren.
- Hinter das Vorderteil festes Schabrackenvlies bügeln.
- Erst den Bodenstreifen, dann die Seitenstreifen und dann die Streifen für das Dach an das Vorderteil nähen.
- Die beiden ovalen Pendel im Anstand von 2 cm zueinander am Rückenteil annähen.
- Das Rückenteil an die Seitenteile nähen.
- Die Uhr wenden, bügeln und mit Füllwatte füllen. Die Wendeöffnungen mit kleinen Saumstichen schließen.
- Als Aufhänger eine Schlaufe aus rot kariertem Baumwollstoff nähen und oben einnähen. - Einen Holzstab an der Kuckucksuhr anbringen, auf den der Glasvogel gesetzt wird. Die Uhr mit den Satinrosen und dem karierten Band verzieren.
- Nach Fertigstellung befestigen Sie eine Wanduhr mit einem Durchmesser von ca. 15 cm am Stoff.

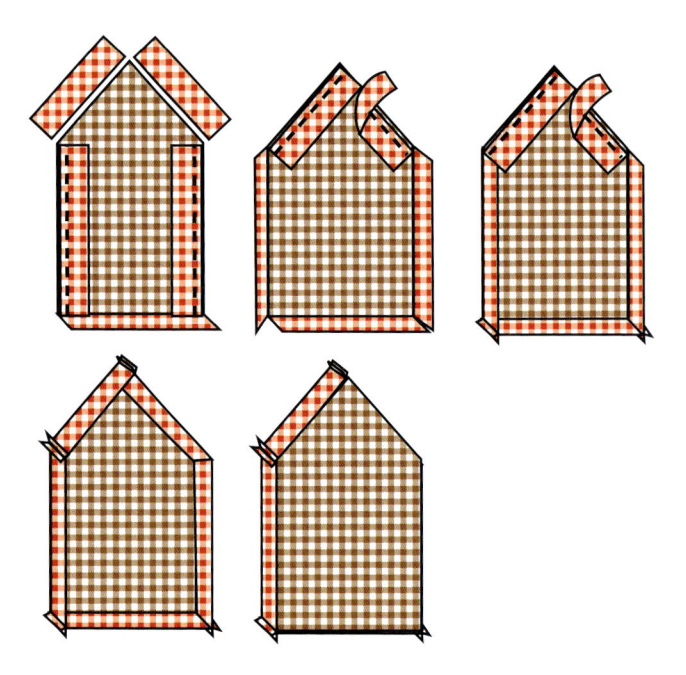

Halstuch „Pilze", Seite 76

Gesamtgröße: 50 x 50 cm

Material

- 0,50 m rosa karierter Baumwollstoff
- 2,00 m Karoband, rot-weiß, 1,5 cm breit
- weiße, rote und grüne Plusterfarbe

Anleitung

- Vom Stickmuster auf Seite 164 wird eine Schablone angefertigt.
- Das Stoffquadrat säumen und mit dem rot kariertem Band einfassen.
- Mit einem wasserlöslichen Stift das Motiv auf den Stoff übertragen und mit Plusterfarbe ausmalen (Seite 144).

T-Shirt „Pilzherz", Seite 76

Ein T-Shirt von Kinderhand gemalt. Mit Plusterfarbe gestaltet, eine tolle Bastelidee, die wirklich Spaß macht und das gestickte Motiv auch einmal anders in Erscheinung treten lässt.

Anleitung

- Vom Stickmuster auf Seite 164 wird eine Schablone angefertigt.
- Mit einem wasserlöslichen Stift das Motiv auf den Stoff übertragen und mit Plusterfarbe ausmalen (Seite 144).

Hocker „Pilzherz", Seite 77

Material

- Hocker aus unbemaltem Holz
- Acrylfarbe
- Klarlack
- weiße Lasur

Anleitung

- Sitzfläche weiß lasieren.
- Vom Stickmuster auf Seite 164 wird eine Schablone angefertigt und mit einem Bleistift auf die Sitzfläche des Hockers übertragen.
- Pilzherz mit Acrylfarbe ausmalen und trocknen lassen.
- Hocker komplett lasieren.
- Sitzfläche mit Klarlack lackieren.

Girlande „Glückspilze", Seite 78

Gesamtgröße: 65 x 10 cm

Material

- 0,10 m roter groß gepunkteter Baumwollstoff
- 0,10 m roter klein gepunkteter Baumwollstoff
- 0,10 m wollweißer Wollstoff
- 0,10 m hellgrüner Wollstoff
- rot-weiße Kordel, 25 m Karte
- Füllwatte

Anleitung

Die Schablone Nr. 19 befindet sich auf Seite 216.

- Den Pilzkopf und die Knolle separat nähen (vgl. Herzen nähen Seite 140), dabei im Pilzkopf unten eine Öffnung lassen, in welche der Pilzstiel gesteckt wird.
- Die Öffnung rundherum mit kleinen Saumstichen schließen.
- Pilze auf die Kordel auffädeln.

Gans mit Herz, Seite 79

Gesamtgröße: 23 x 23 cm

Stickereigröße in Petit Point: 2 x 1,5 cm

Material

- 0,10 m ungebleichtes Leinen, 12-fädig
- 0,25 m wollweißer Wollstoff
- 0,10 m roter Wollstoff
- Füllwatte
- 2 schwarze Miniperlen
- florales Herz, 35 x 35 cm, Art.-Nr. 14095-08

Anleitung

Das Stickmuster befindet sich auf Seite 183.

Die Schablonen Nr. 17 und Nr. 18 befinden sich auf Seite 216.

- Gans nähen (vgl. Herz nähen Seite 140), dabei den Schnabel direkt mit einnähen.
- Füßchen ausschneiden und mit kleinen Saumstichen aufnähen.
- Für das Herz die Stickerei mittig auf das Leinen sticken.
- Das Herz nähen (Seite 140), dafür den Wollstoff für die Rückseite verwenden.
- Augen aus kleinen schwarzen Perlen aufnähen.

Pilzläufer, Seite 80

Gesamtgröße: 24 x 150 cm

Stickereigröße im Kreuzstich: 14 x 70 cm

Material

- 1,60 m gebleichtes Leinenband mit roter Kordelkante, 11-fädig, 24 cm breit

Anleitung

Das Stickmuster befindet sich auf Seite 165 – 167.

- Stickerei im Kreuzstich mittig auf das Leinen sticken.
- Leinenband mit 2,5 cm breitem doppelten Saum versehen.

Anleitungen

Windlichter „Waldbewohner", Seite 81

Spaß macht auch das Dekorieren mit Bändern und Accessoires. Die Gläser sind aber auch schon fertig gestaltet zu bestellen.

- Glas mit separat dekoriertem Teelichteinsatz, fertig dekoriert, 2 Glaspilze, 24 cm hoch, Art.-Nr. 14095-09
- Glasdekoration mit Zapfenkerze, 12 cm hoch, Art.-Nr. 14095-10
- Glasdekoration mit Zapfenkerze, 18 cm hoch, Art.-Nr. 14095-11

Buchhülle „Pilze", Seite 84

Für Buchgröße: 15 x 22 cm
Stickereigröße im Kreuzstich: 5,5 x 6,5 cm
Material

- 0,10 m gebleichtes Leinen, 12-fädig
- 0,25 m rot karierter Baumwollstoff
- 0,35 m rotes Samtband, 1 cm breit
- 0,35 m schwarze Spitzenborte
- 0,35 m rote Posamentenborte
- 0,25 m schwarzes Samtband, 1 cm breit
- 0,35 m rot gepunktetes Satinband, 1,5 cm breit
- 0,25 m Volumenvlies zum Aufbügeln
- 0,10 m Vliesofix
- 1 kleine rote Satinrose

Außenteil

- Zuschnitt in der Höhe = Höhe des Buches zuzüglich 1,5 cm Nahtzugabe
- Zuschnitt in der Breite = 2-mal die Breite des Buches + die Tiefe des Buches + 20 cm Einschlag
  (Bei unserer Buchgröße: 00 x 00 cm)

Innenteil

- Zuschnitt in der Höhe = Höhe des Buches zuzüglich 1,5 cm Nahtzugabe
- Zuschnitt in der Breite = 2-mal die Breite des Buches + die Tiefe des Buches

Anleitung

Das Stickmuster befindet sich auf Seite 164.

- Das Außenteil der Buchhülle mit Volumenvlies zum Aufbügeln hinterlegen.
- Erst schwarze Spitzenborte und darüber rotes Samtband 5 cm vom oberen Rand aufsteppen.
- Die Schmalseiten des Außenteils 1 cm breit säumen.
- Das Außenteil an beiden Seiten 8 cm auf die rechte Seite einschlagen, so dass das Außenteil in der Breite genauso groß ist wie das Futter.
- Das Innenteil rechts auf rechts auf das Außenteil legen und an den Längsseiten zusammennähen. Die Buchhülle wenden.
- Stickerei im Kreuzstich mittig auf das Leinen sticken.
- Vliesofix hinter die Stickerei bügeln und einen Kreis von 9 cm Durchmesser ausschneiden.
- Die Stickerei auf den Stoff bügeln und die Posamentenborte mit Textilkleber um die Stickerei fixieren.
- Zwei Schleifen und eine Satinrose laut Abbildung auf die Posamentenborte setzen.

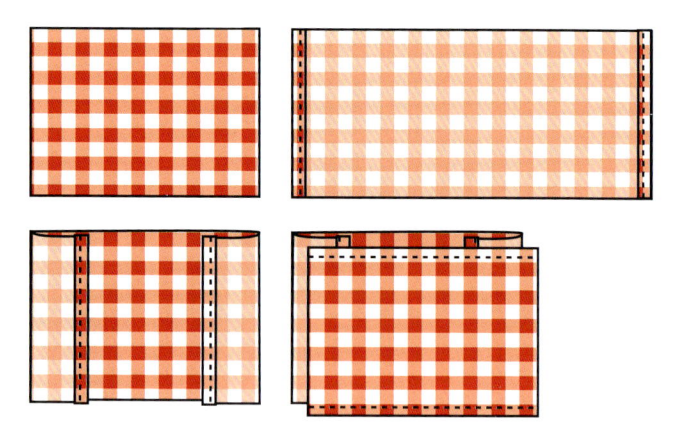

Herzkette „Pilzherz", Seite 85

Gesamtgröß:e 45 x 15 cm
Stickereigröße: 11,5 x 10 cm
Material

- 0,20 m gebleichtes Leinen, 12-fädig
- 0,20 m klein gepunkteter Baumwollstoff
- 2,00 m rotes Samtband, 2 cm breit
- 0,80 m rot gepunktetes Satinband, 1,5 cm breit
- 2 Fliegenpilzknöpfe
- Füllwatte

Anleitung

Das Stickmuster befindet sich auf Seite 164.
Die Schablone Nr. 16 befindet sich auf Seite 216.

- Stickerei im Kreuzstich mittig auf das Leinen sticken.

- 3 Herzen nähen (Seite 140), dafür den rot gepunkteten Stoff für die Rückseite des gestickten Herzens verwenden.
- Rotes Samtband doppelt legen und als Aufhänger rechts und links am Herz anbringen.
- Die Herzen mit kleinen Saumstichen aneinander nähen und auf die äußeren Herzen Schleifen und die Pilzknöpfe aufsetzen.

Winterkranz „Willkommen", Seite 88
Gesamtgröße Durchmesser: ca. 50 cm
Stickereigröße im Kreuzstich: 40 x 14 cm
Material
- 0, 95 m ungebleichtes Leinenband mit roter Kordelkante, 20 cm breit, 11-fädig
- Kranz, handgebunden, mit Glaspilzen, Durchmesser 50 cm, Art.-Nr. 14095-12

Anleitung
Das Stickmuster befindet sich auf Seite 168 / 169.
- Das Motiv im Kreuzstich mittig auf das Leinenband sticken.
- Enden säumen.
- Leinenband um den in der Dekoration mitgelieferten Metallring nähen. Die Ecken an den Rundungen des Ringes ein wenig einschlagen und mit ein paar Saumstichen festnähen, um einen runden Abschluss zu haben.
- Den gebundenen Kranz mit feinen Drähten auf dem Ring mit dem Leinenband befestigen.

Geschenke am Hirschgeweih, Seite 90
Hier haben wir ein Hirschgeweih mit vielen kleinen Päckchen behängt. So kann das Warten auf das nahende Weihnachtsfest jeden Tag mit einer kleinen Überraschung verkürzt werden. Die Päckchen haben wir mit Stoffen eingepackt und liebevoll mit verschiedenen Schleifenbändern und Accessoires verziert.

Gardine „Lebkuchenkinder", Seite 92
Gesamtgröße: 115 x 30 cm
Stickereigröße im Kreuzstich und Petit Point je Girlande: 15 x 6 cm
Material
- 1,26 m Druck-Leinenband „Lebkuchenpaar", 24 cm breit, 11-fädig
- 1,65 m ungebleichtes Leinenband, 4 cm breit, 11-fädig
- 0,80 m rotes Satinband, 3 mm breit
- 0,10 m rot klein gepunkteter Baumwollstoff
- Füllwatte
- Tannengirlande, handgebunden, per Meter zu bestellen, Art.-Nr. 1-4095-13

Anleitung
Die Stickmuster befinden sich auf Seite 170 - 172.
Die Schablone Nr. 21 befindet sich auf Seite 216.
- Girlande mittig zwischen die zwei Paare sticken. Dabei ist die Girlande im Kreuzstich und die Details sind im Petit Point gestickt.
- Für die Schlaufen das Leinenband in 9 Streifen à 18 cm teilen.
- An den Enden eine Nahtzugabe von je 2 cm umschlagen. Ein Ende auf die Vorderseite und das andere Ende auf die Rückseite der Gardine stecken und knappkantig festnähen.
- Vier kleine Herzen mit rotem Satinband als Aufhängung nähen (Seite 140),.
- Aus Satinband eine Schleife binden und zusammen mit dem Herz an den Händen jedes Paares annähen.

Weihnachtsdecke, Seite 95
Gesamtgröße: 1,65 x 1,65 m
Stickereigröße im Kreuzstich: 65 x 15 cm
- 1,85 m ungebleichtes Leinen, 1,85 m breit, 12-fädig
- Adventskranz, handgebunden, mit Glaspilzen und Glaskugeln, Schleifen und Kerzen, Durchmesser 00 cm, Art.-Nr. 14095-14
- Becher „Herz mit Kugel", Art.-Nr. 7-12861
- Dessertteller „Merry Christmas", Art.-Nr. 7-13961

Anleitung
Die Stickmuster befinden sich auf Seite 173 – 175.
- Stickerei im Kreuzstich 60 cm von jeder Seite und 18 cm vom unteren Rand auf das ungesäumte Leinen sticken.
- Die Decke mit einem 5 cm breiten Saum mit Briefecken (Seite 141) säumen.

Die komplette Porzellanserie „Merry Christmas" finden Sie auf unserer Internetseite **www.acufactum.de**.

Stuhlgirlande, Seite 98
Material
- Stuhlgirlande, handgebunden, per Meter zu bestellen, Art.-Nr. 14095-15
- 0,15 m roter Wollstoff
- 0,10 m wollweißer Wollstoff
- 1,00 m rote Kordel
- 2,00 m rotes gepunktetes Satinband, 1,5 cm breit

- 5-6 weiße Glaswachsperlen, 4 mm

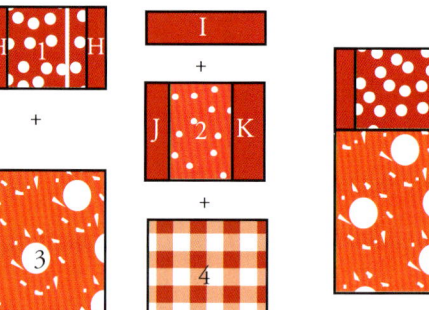

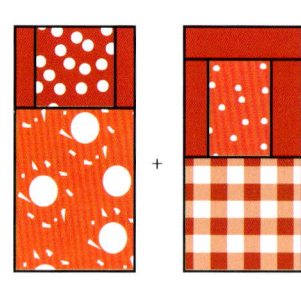

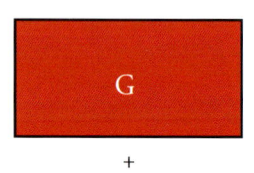

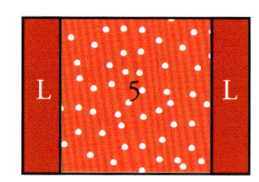

Anleitung

Die Schablone Nr. 16 befindet sich auf Seite 216.

- Herzen nähen (Seite 140).
- Kleine Edelweißblüten ausschneiden, auf das Herz aufnähen und mit Perlen im Blüteninneren verzieren. Die Tannengirlande wird mit Drähten am Stuhl befestigt. Feine Schleifen in Rot geben der Girlande eine weihnachtliche Note. Die Herzen werden mit Kordel am Stuhl befestigt.

Hirsch-Wandbehang, Seite 100

Gesamtgröße: 90 x 64 cm

Stickereigröße im Kreuzstich: 15 x 24 cm

Material

- 0,30 m ungebleichtes Leinen, 12-fädig
- 0,30 m rote Wildseide
- 0,20 m dunkelgrüne Wildseide
- 0,70 m roter klein gepunkteter Baumwollstoff
- 0,20 m rot karierter Baumwollstoff
- 0,15 m roter groß gepunkteter Baumwollstoff
- 0,20 m rot geblümter Baumwollstoff
- 3,50 m rotes Satinband, 3 mm breit
- 0,50 m rotes Samtband, 2 cm breit
- 1,00 m schwarzes Samtband, 1 cm breit
- 0,35 m schwarze Posamentenborte
- 0,50 m Karoband, rot-weiß, 1,5 cm breit
- 0,50 m Karoband, rot-weiß, 5 mm breit
- 0,50 m rot gepunktetes Satinband, 1,5 cm breit
- 0,70 m Volumenvlies
- Kreisschablone, 45 mm breit
- Metallanhänger: Herz, Rose, Kreuz
- Tannengirlande, handgebunden, je 30 cm breit mit Schleifen und Satinrosen, Art.-Nr. 14095-16
- 10 kleine rote Satinrosen / 5 große rote Satinrosen

Zuschnitt

- Leinen: 30 x 65 cm

Tanne:

- Grüne Wildseide: (A) 13 x 16 cm / (B) 16 x 11 cm (C) 21 x 11 cm / (D) 24 x 11 cm / (E) 27 x 11 cm (F) 30 x 11 cm
- Rote Wildseide: (A) 30 x 16 cm / (B) 23 x 11 cm (C) 20 x 11 cm / (D) 17 x 11 cm / (E) 14 x 11 cm (F) 11 x 11 cm

Geschenke (Stoffe siehe Skizze):

Geschenk 1: 11,5 x 11,5 cm

Geschenk 2: 9,5 x 13,5 cm

Geschenk 3: 16,5 x 21,5 cm

Geschenk 4: 16,5 x 15,5 cm

Geschenk 5: 21,5 x 21,5 cm

Seidenhintergrund (Stoffe siehe Skizze):

(G) 31,5 x 16,5 cm

(H) 2 Stück 4 x 11,5 cm

(I) 16,5 x 5,5 cm

(J) 4,5 x 13,5 cm

(K) 5,5 x 13,5 cm

(L) 2 Stück 6,5 x 21,5 cm

Rückenteil:

- Roter klein gepunkteter Baumwollstoff: 100 x 70 cm

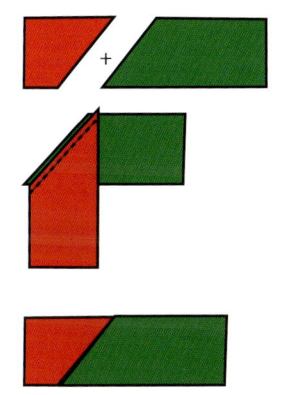

Anleitung

Das Stickmuster befindet sich auf Seite 176.
- Die Stickerei im Kreuzstich mittig auf das Leinen sticken.
- Vlieseline hinter Leinen und Wildseide bügeln (Seite 139).

Tanne
- Von je einem roten und einem grünen Zuschnitt Seide eine Ecke im 45° Winkel abschneiden und die entstandenen Diagonalen aneinander nähen.
- Die Streifen in Patchworkblöcken laut Abbildung aneinander nähen (Seite 141).

Geschenke
- Zuerst die Zuschnitte für den Seidenhintergrund an die Zuschnitte für die einzelnen Geschenke nähen.
Dann Geschenk (A) an (C) und (B) an (D) fügen. Diese beiden Stoffstücke miteinander verbinden. Anschließend daran den Zuschnitt für das Geschenk 5 unten und das Seidenstück (G) oben nähen.
- Zusammenfügen von Vorder- und Rückenteil (Seite 141).
- Alle Nähte quilten (Seite 141).

- Wandbehang mit Schrägband (Seite 142) oder Binding (Seite 142) einfassen.
- Die Geschenke mit den verschiedenen Schleifenbändern verzieren, Satinrosen aufsetzen und Metallanhänger anbringen. Hierfür werden die einzelnen Bänder und Schleifen mit Textilkleber aufgebracht.
- Mit Hilfe der Kreisschablone kleine Baumkugeln fertigen und mit rotem Satinband mit einer großen Nadel am Behang befestigen.

Windlicht im Astkranz, Seite 104

Dieser Astkranz lässt sich aus gesammelten Holzästen mit ein paar Handgriffen zusammen schrauben und nageln. Kleine gesammelte Äste werden mit Heißkleber eingeklebt und verdecken Schrauben und Nägel.

Brosche „Hirsch", Seite 106

Durchmesser: 3 cm
Stickereigröße im Petit Point: 3 x 3 cm

Material
- 0,10 m ungebleichtes Leinen, 12-fädig
- 8 grüne Kristallschliffperlen, 4 mm
- 16 kristallfarbene Kristallschliffperlen, 4 mm
- 1 Swarovski-Kristallschliffherz
- 3 Dekoblätter
- 1 Broschenfassung

Anleitung

Das Stickmuster befindet sich auf Seite 182.
- Die Stickerei im Petit Point mittig auf das Leinen sticken.
- Das Leinen kreisförmig größer als die Fassung der Brosche zuschneiden.
- Rundherum reihen und den Faden zusammenziehen.
- Das Leinen mit einem zweiten Leinenkreis in Größe der Fassung unterlegen, damit das Metall nicht durchschimmert.
- Die Glasperlen werden erst einzeln an das Teil genäht, anschließend einen Faden durch alle Perlen durchziehen und stramm ziehen, so ergibt sich eine gleichmäßige Rundung.
- 3 Dekoblätter aufkleben und das Herz mit einer grünen Perle aufsetzen.

Anleitungen

Winteraccessoires, Seite 106

Mütze
Durchmesser: 20 cm
Stickereigröße: 3 x 3 cm

Material
- 0,10 m ungebleichtes Leinen, 12-fädig
- 0,20 m dunkelbrauner Wollstoff
- 0,70 m große schwarze Bommelborte
- 1 kleine rosa Satinrose
- 0,10 m Vliesofix

Zuschnitt
11 x 65 cm / Seitenteil – je nach Kopfumfang ändert sich die Größe in der Länge.

Anleitung
Das Stickmuster befindet sich auf Seite 182.
Die Schablonen Nr. 22 und Nr. 18 für Mützendeckel und Herz befinden sich auf Seite 215 und 216.
- Mützendeckel ohne Nahtzugabe ausschneiden.
- Die Enden des Seitenstreifens aneinander nähen.
- Den Mützendeckel an den Seitenstreifen anfügen. Dabei liegt die Naht außen.
- Den Seitenstreifen säumen und innen auf den Saum die Bommelborte aufsetzen.
- Für das Herz den Hirsch im Petit Point auf ungebleichtes Leinen sticken.
- Das Leinen auf Vliesofix bügeln in der gestickten Herzform ausschneiden und anschließend auf die Mütze bügeln. Eine kleine Satinrose seitlich mit Textilkleber aufsetzen.

Schal
Gesamtgröße: 18 x 70 cm
Stickereigröße: 3 x 3 cm

Material
- 0,10 m ungebleichtes Leinen, 12-fädig
- 0,20 m dunkelbrauner Wollstoff
- 0,90 m große schwarze Bommelborte
- 1 kleine rosa Satinrose
- 1 kleine altrosa Satinrose
- 0,10 m Vliesofix
- 1 schwarzer Knopf
- 0,10 m schwarzes Samtband für die Schließe, 1 cm breit

Anleitung
Das Stickmuster befindet sich auf Seite 182.
Die Schablone Nr. 24 befindet sich auf Seite 215.
- Den Schal mit Nahtzugabe doppelt ausschneiden.
- Die Bommelborte an kürzeren Längsseite und der breiten Schmalseite von links auf dem Wollstoff festnähen. Eine Schlaufe aus schwarzen Samtband an die schmale Breitseite anbringen.
- Den zweiten Schal links auf links auf das andere Teil legen und mit einer Naht rundherum zusammen nähen. Dabei liegt die Nahtzugabe sichtbar außen.
- Das Herz im Petit Point auf ungebleichtes Leinen sticken.
- Das Leinen auf Vliesofix bügeln, in der gestickten Herzform ausschneiden und anschließend auf den Schal bügeln. Eine kleine Satinrose seitlich mit Textilkleber aufsetzen.

Handstulpen
Länge 23 cm

Material
- 0,20 m dunkelbrauner Wollstoff
- 0,50 m große schwarze Bommelborte
- 2 kleine rosa Satinrosen

Anleitung
Die Schablone Nr. 23 befindet sich auf Seite 216.
- Für eine Stulpe den Wollstoff doppelt legen, die Schablone an die Bruchkante legen, nachzeichnen und ausschneiden.
- Die Bommelborte von innen an die Oberkante der Stulpe nähen.
- Die Seitennaht bis auf eine Öffnung für den Daumen schließen. Dabei liegt die Nahtzugabe außen.
- Eine kleine Satinrose aufsetzen.

Kranz „Hüttenzauber", Seite 109
Durchmesser: 60 cm
Stickereigröße im Kreuzstich: 18 x 16 cm

Material
- 1,70 m ungebleichtes Leinenband mit roter Kordelkante, 20 cm breit, 11-fädig
- 1,00 m rotes Samtband, 2 cm breit
- 1,00 m rot gepunktetes Satinband, 1,5 cm breit
- Winterkranz, handgebunden, Durchmesser 60 cm, Art.-Nr. 14095-17

Anleitung
Das Stickmuster befindet sich auf Seite 180.
- Stickerei mittig im Kreuzstich und 21 cm von unten auf das Leinenband sticken.
- Das Leinenband an beiden Enden zu einer Spitze säumen. Dabei wird die obere Spitze seitenverkehrt genäht.
- Das Band doppelt legen und mit einer Schleife aus Satin- und Samtband am Kranz festbinden.

Anleitungen

Weihnachtliche Windlichter, Seite 110

Mit schönen Accessoires sind hier Glas-Windlichter stimmungsvoll in Szene gesetzt. Basteln Sie dieses Ensemble nach oder bestellen Sie es komplett fertig dekoriert:

- Windlicht, klein, fertig dekoriert, 11 cm hoch, Art.-Nr. 14095-18
- Windlicht, groß, fertig dekoriert, 30 cm hoch, Art.-Nr. 14095-19
- Tannenkranz, handgebunden, Durchmesser 28 cm, Art.-Nr. 14095-20

Bild „Weihnachtshirsch", Seite 112

Gesamtgröße: 30 x 40 cm
Stickereigröße im Kreuzstich: 15 x 25

Material

- 0,30 m ungebleichtes Leinen, 12-fädig
- Landhaus-Rahmen, Holz, naturfarben, 30 x 40 cm, Art.-Nr. 9112-4095-03

Anleitung: Siehe nachfolgend Bilder „Kleine Hirsche".

Bilder „Kleine Hirsche" Seite 112

Gesamtgröße: 28 x 26 cm
Stickereigröße im Kreuzstich: ca. 15 x 11 cm

Material

- 0,30 m ungebleichtes Leinen, 12-fädig
- Landhaus-Rahmen, Holz, bordeaux, 28 x 26 cm, Art.-Nr. 9112-4095-04

Anleitung

Die Stickmuster befinden sich auf Seite176-179

- Die Stickerei im Kreuzstich mittig auf das Leinen sticken.
- Leinen bügeln (Seite 138).
- Die Stickerei rahmen, dafür einen einseitig klebenden Karton verwenden, auf den das Leinen fadengerade aufgezogen wird oder mit Vlies hinterlegen, damit die Stickerei plastisch hervortritt.

Weihnachtskissen „Hirsche", Seite 114

Gesamtgröße: 40 x 40 cm
Stickereigröße im Kreuzstich: 13 x 16 cm

Material

- 0,25 m ungebleichtes Leinen, 12-fädig
- 0,60 m rot karierter Baumwollstoff je Kissen
- 0,15 m braun karierter Baumwollstoff
- 0,25 m Vlieseline
- 0,80 m schwarze Posamentenborte
- 0,80 m rote Posamentenborte
- 0,60 m rotes Samtband, 2 cm breit
- 0,40 m schwarzes Samtband, 1 cm breit

Zuschnitt je Kissen

- Leinen: 21,5 x 21,5 cm
- Roter Baumwollstoff:: 6 Stück 11,5 x 11,5 cm / 50 x 41,5 cm, Rückseite / 60 x 41,5 cm, Rückseite
- Brauner Baumwollstoff: 6 Stück 11,5 x 11,5 cm

Anleitung

Die Stickmuster befinden sich auf Seite 177 und 179.

- Stickereien im Kreuzstich mittig auf das Leinen sticken.
- Leinen mit Vlieseline vorbereiten (Seite 139).
- Quadrate im Patchwork laut Abbildung aneinander nähen (Seite 141).
- Bänder und Schleifen laut Foto auf das Vorderteil nähen. Hierbei hilft es die Umrandung vorab mit Textilkleber zu fixieren.
- Für das Rückenteil einen Hotelverschluss nähen (Seite 140).
- Eine Schleife aus den Samtbändern binden und auf das Kissen nähen.

Gardine „Weihnachtshirsche", Seite 115

Gesamtgröße: 120 x 30 cm breit
Stickereigröße im Kreuzstich: 56 x 17 cm

Material

- 1,30 m ungebleichtes Leinenband, 24 cm breit, 11-fädig
- 1,80 m ungebleichtes Leinenband, 5 cm breit, 11-fädig
- 1,50 m rot karierter Baumwollstoff für Gardine
- 0,40 m braun karierter Baumwollstoff für Gardinenschleifen
- Herrnhuter Stern, weiß, Durchmesser 13 cm, Art.- Nr. 6295-50114
- Herrnhuter Stern, weiß-rot, Durchmesser 13 cm, Art.- Nr. 6295-50117
- Herrnhuter Stern, rot, Durchmesser 13 cm, Art.- Nr. 6295-50115

Anleitungen

- Adapter für 1-3 Sterne, Art.-Nr. 6295-60200
- Adapter für 1 Stern, Art.-Nr. 6295-60201

Anleitung

Die Stickmuster befinden sich auf Seite 177-179.
Siehe Anleitung Gardine Sommerhirsche Seite 189.

Kissendecke, Seite 116

Gesamtgröße: 1,50 x 1,60 m
Stickereigröße im Kreuzstich: 14 x 14 cm

Material

- 0,25 m ungebleichtes Leinen, 12-fädig
- 0,60 m rot karierter Baumwollstoff
- 6,00 m rot kariertes Schrägband
- 0,50 m Volumenvlies
- rote Fleecedecke, 1,50 x 1,50 m

Zuschnitt

- Leinen: (A) 24,5 x 24,5 cm
- Rot karierter Baumwollstoff:: (B) 2 Stück 25 x 10 cm / (C) 2 Stück 10 x 41,5 cm / (D) 41,5 x 41,5 cm

Anleitung

Das Stickmuster befindet sich auf Seite 178.

- Stickerei im Kreuzstich mittig auf das Leinen (A) sticken.
- Rot karierten Baumwollstoff (B) oben und unten und (C) links und rechts an das Leinen ansetzen.
- Volumenvlies hinter das Vorderteil bügeln und mit dem Rückenteil zusammenfügen.
- Das Kissen mit der Vorderseite nach unten mittig auf die Decke legen und an den Seiten und oben aneinander steppen.
- Die Decke mit Schrägband einfassen (Seite 142).
- Jetzt kann die Decke gefaltet und laut Fotos (Seite 117) in das Kissen gesteckt werden.

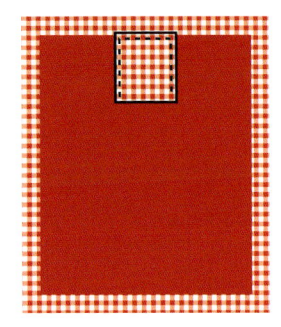

Kleiner Tannenbaum, Seite 118

Es muss nicht immer die große Nordmanntanne sein.
Mit ein paar Griffen lässt sich im Handumdrehen dieser niedliche Tannenbaum dekorieren.
Ob süße Pilze, Vögel oder klassische Kugeln, dieser Baum sorgt für staunende Blicke. Kleine Satinrosen und Schleifchen sorgen für interessante Stilmixe.

Plätzchen-Gläser, Seite 119

Üppig verziert werden aus einfachen Einmachgläsern wunderschöne Dekogläser, bei deren Anblick jedem Schleckermaul das Wasser im Mund zusammen läuft.
Mit weißen Hirschknöpfen, Satinbändern, Samt, Satinrosen, Filzherzen und Metallanhängern sind diese Gläser etwas ganz Besonderes. Und wenn die Kekse aufgegessen sind, bleibt nicht nur ein leeres Glas über. Denn dieses sieht auf der Küchentheke selbst ohne Inhalt noch wunderschön aus.

Weihnachtssocken, Seite 123

Selbstgestrickte Socken werden hier doppelt in Szene gesetzt.
Ein traditionelles Strickmuster wird hier untermalt mit zuckersüßen Accessoires. Ein weißer Hirschknopf mit Satinrose gibt dem Socken alpenländisches Flair. Die rot karierte Rüsche wird mit feinen Saumstichen oben an der Socke angenäht. Hierbei den Rand beim Annähen weit auseinander ziehen, damit die Socke später noch über den Fuß passt.

Weihnachtlicher Tischläufer, Seite 124

Gesamtgröße: 160 x 30 cm
Stickereigröße im Kreuzstich: 70 x 17 cm

Material

- 1,70 m ungebleichtes Leinenband mit roter Kordelkante, 30 cm breit, 11-fädig

Anleitung

Das Stickmuster befindet sich auf Seite 173 – 175.

- Stickerei im Kreuzstich in der Breite mittig und 5 cm vom unteren Rand auf das Leinenband sticken.
- Enden mit einer 2,5 cm breiten doppelten Naht säumen.

Dekoratives Weihnachtsporzellan

Mit wenigen Handgriffen lässt sich ein eindrucksvolles Tischarrangement schaffen. Hier haben wir mit rot kariertem Satinband kleine Glasradieschen um den Becherhenkel gebunden. Eine kleine Satinrose setzt dem Becher das i-Tüpfelchen auf.

Anleitungen

Hübsch ist auch die dunkelrote Rose, in Kombination mit grüner Tanne. Warum nicht die Königin der Blumen in der Weihnachtszeit einsetzen?
Rustikale Bänder geben dem Ganzen einen gemütlichen aber dennoch edlen Charakter.

Die komplette Porzellanserie „Merry Christmas" finden Sie auf unserer Internetseite www.acufactum.de.

Kerzenständer

Diese im Sauerland handgedrechselten Kerzenständer bringen eine warme gemütliche Stimmung in die Weihnachtsstube. Kleine Stickereien im Petit Point machen die weißen Leuchter noch dekorativer.
Mit viel Liebe wird die Stickerei im Petit Point über nur einen Faden gestickt und ist somit besonders zart und fein.
Die Gans ist abgestimmt zur Stickerei auf dem Tischläufer gefertigt (Anleitung Gans, siehe Seite 205).

Material
- Kerzenständer, Holz, 22 cm hoch, Art.-Nr. 6268-104
- Kerzenständer, Holz, 35 cm hoch, Art.-Nr. 6268-103
- 3 rote große Metallherzen
- 0,10 m ungebleichtes Leinen, 12-fädig
- 0,10 m rot klein gepunkteter Baumwollstoff
- 1,00 m rotes Satinband, 3 mm breit
- 1,00 m rot gepunktetes Satinband, 1,5 cm breit
- Füllwatte

Anleitung
Das Stickmuster befindet sich auf Seite 183.
Die Schablone Nr. 6 befindet sich auf Seite 215.
- Die Herzen laut Abbildung und Anleitung von Seite 140 nähen.

Kranz „Frohe Weihnacht", Seite 128

Durchmesser 30 cm
- Kranz, handgebunden, Durchmesser 30 cm, mit handbemaltem Glasherz, Schriftzug „Frohe Weihnachten", Art.-Nr. 14095-21

Winterpuschen, Seite 130

Größe: 34-44
Stickereigröße in Petit Point: 2,5 x 2 cm
Material
- Ein Paar Filzpuschn, Größe bitte angeben, Art.-Nr. 6339-02
- 5 kleine rosa Satinrosen / 3 kleine altrosa Satinrosen
- 8 kleine rote Satinrosen
- 1 große rote Satinrose
- 0,20 m rotes Satinband, 3mm breit
- 0,20 m rote Kordel
- 1 kleines und 1 großes Swarovski-Kristallschliffherz
- 0,30 m rot gepunktetes Satinband, 1,5 cm breit
- 0,10 m Vliesofix
- Textilkleber

Anleitung
Das Stickmuster befindet sich auf Seite 182.
- Stickerei im Petit Point auf das Leinen sticken.
- Das Leinen in der gestickten Herzform ausschneiden, auf Vliesofix bügeln und anschließend auf die Schuhe bügeln.
- Die Puschn mit roter Kordel, Satinband und Satinrosen mit Hilfe von Textilkleber verzieren und die Glasherzen annähen.
- Hinten eine gepunktete Schleife mit einer roten Rose darauf aufsetzen.

Herz „Frohe Weihnachten", Seite 132

Durchmesser: 30 cm
Stickereigröße im Kreuzstich: 16 cm
Material
- 0,20 m ungebleichtes Leinen
- 0,20 m rot klein gepunkteter Baumwollstoff
- Kranz handgebunden, Durchmesser 30 cm, mit Glasspirale und Accessoires, Art.-Nr. 14095-22
- Füllwatte

Anleitung
Das Stickmuster befindet sich auf Seite 181.
- Stickerei mittig auf das Leinen sticken.
- Herz in Form der Stickerei nähen (Seite 140), dafür den rot gepunkteten Stoff für die Rückseite verwenden.

Päckchen zur Weihnachtszeit, Seite 134

Mit viel Liebe sind hier die Weihnachtsgeschenke in Stoff eingepackt worden. Kleine Holzmotive und Bänder verzieren die Päckchen auf ganz besondere Weise.

Material
- Hänger Adventshaus, Höhe 10 cm, Art.-Nr. 6408-76
- Hänger Weihnachtspäckchen, Zuckerstange, Höhe 4 cm, Art.-Nr. 6408-77-1
- Hänger Weihnachtspäckchen, Ilexzweig, Höhe 4 cm, Art.-Nr. 6408-77-2

Anleitungen

- Hänger Weihnachtspäckchen, Mistel und Socke, Höhe 4 cm, Art.-Nr. 6408-77-3
- Hänger Weihnachtspäckchen, Ilex und Eiskristalle, Höhe 4 cm, Art.-Nr. 6408-77-4
- Stecker Weihnachtsteddy mit Flügeln, Höhe ca. 4,5 cm, Art.-Nr. 6408-75
- Stecker Weihnachtstanne mit Streifen, Höhe 6 cm, Art.-Nr. 6408-80
- Stecker Weihnachtstanne mit Eiskristallen, Höhe 6 cm, Art.-Nr. 6408-80-1
- rot karierter Baumwollstoff
- rot gepunkteter Baumwollstoff
- Schmuckwebband Weihnachtspäckchen, gelb, 2 cm breit, Art.-Nr. 35051
- Schmuckwebband „Adventshaus & Mistelband", 5 cm breit, Art.-Nr. 35045

Weihnachtsbaum, Seite 136
Prachtvolle, handbemalte Glaskugeln verhelfen diesem Weihnachtsbaum zu einem festlichen Anblick (Auflistung siehe Seite 219).

Beleuchteter Holzkorb, Seite 137
Eine Lichterkette mit kleinen Ästen ist ein tolles Dekorationselement, das mit kleinem Aufwand eine große Wirkung zeigt.
- Lichteräste, braun, 60 Lichter, mit Trafo 24 Volt, Art.-Nr. 6285-33200

Impressum
1. Auflage 2008
Herausgeberin: Ute Menze

acufactum, Ute Menze
Buchenstraße 11
58640 Iserlohn-Hennen

Tel.: 0 23 04 / 53 49 • Fax: 0 23 04 / 54 53
E-Mail: ute.menze@acufactum.de
Internet: www.acufactum.de

© 2008 acufactum, Ute Menze
Nachdruck, Vervielfältigung, Verbreitung über elektronische Medien sowie die gewerbliche Nutzung der Fotografien, Muster und Texte, auch auszugsweise, ist nicht gestattet. Alle Rechte und Änderungen jeglicher Art bleiben uns vorbehalten. Bitte haben Sie Verständnis, dass wir für Druckfehler und Irrtümer keine Haftung übernehmen. Abweichende Farben können drucktechnisch bedingt sein.

Styling und Fotografie: acufactum, Ariane Gehlert
Idee, Gestaltung und Satz: acufactum
Stickmotive: acufactum
Druck: Süddruck Neumann GmbH & Co KG, Plauen

Schmuckgestaltung: Nadja Knab-Leers, Waldkirch
Seite 35, 40, 47, 64, 72, Brosche Seite 106

Texte: Nicole Jankowski, Journalistin, und acufactum

Bildnachweis:
Die schönen Landschaftsbilder aus dem Berchtesgadener Land auf den Seiten 3, 16, 20, 24, 35, 40, 58, 62, 64, 89, 103, 108, 117 und 133 wurden uns mit freundlicher Genehmigung der Berchtesgadener Land Tourismus GmbH zur Verfügung gestellt. Internet: www.berchtesgadener-land.com

Schablonen

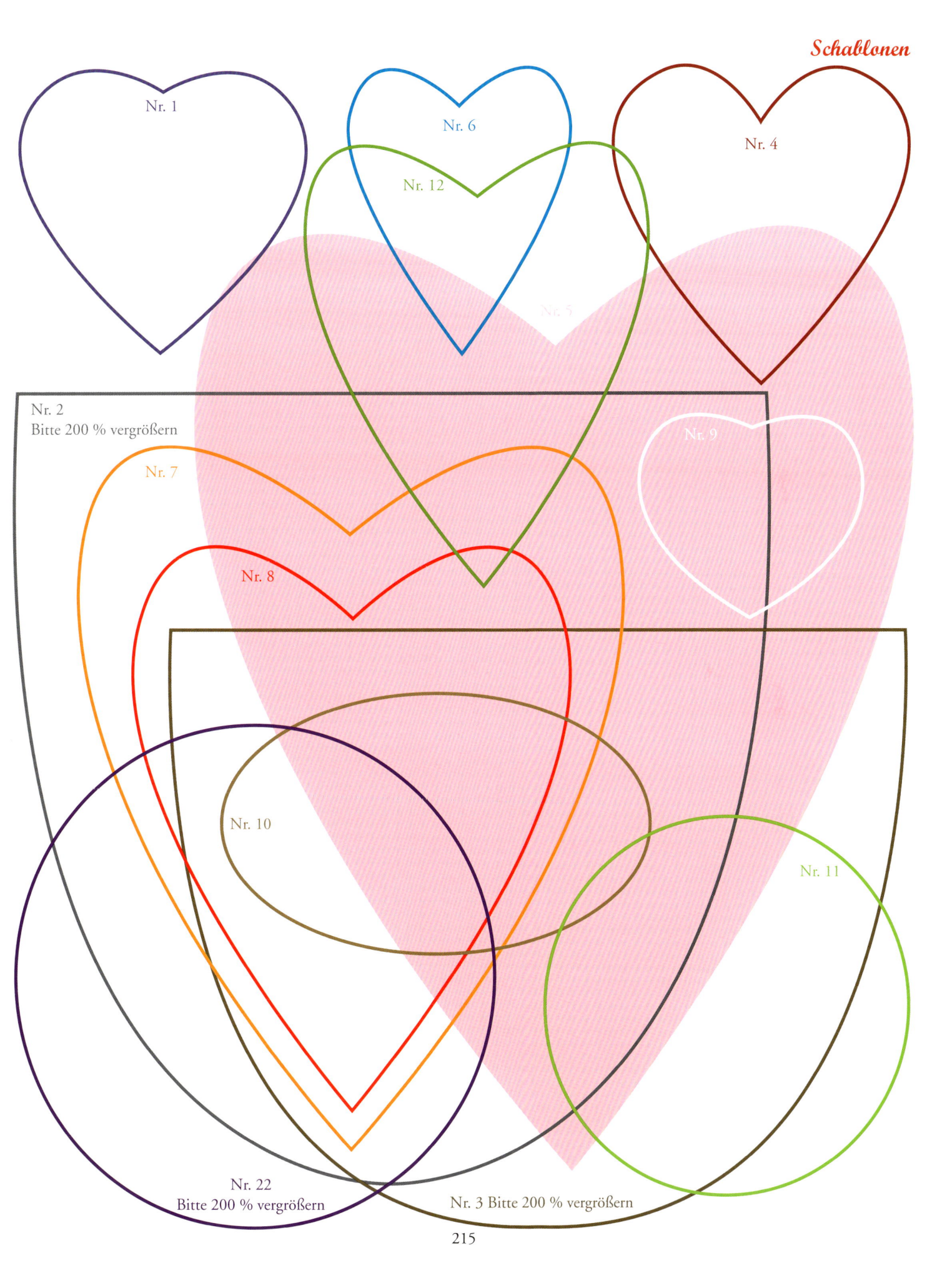

Nr. 1
Nr. 6
Nr. 12
Nr. 4
Nr. 5
Nr. 2 Bitte 200 % vergrößern
Nr. 7
Nr. 9
Nr. 8
Nr. 10
Nr. 11
Nr. 22 Bitte 200 % vergrößern
Nr. 3 Bitte 200 % vergrößern

215

Schablonen

Nr. 20
Nr. 16
Nr. 24 Teil 1
Bitte 200 % vergrößern
Nr. 23
Nr. 17 Füße
Nr. 18
Nr. 15
Bitte 200 % vergrößern
Nr. 14
Nr. 21
Nr. 17 Schnabel
Nr. 19
Nr. 17
Nr. 24 Teil 2 Bitte 200 % vergrößern
Nr. 13
Bitte 200 % vergrößern
Bruchkante

Nachfolgend finden Sie die im Buch verarbeiteten Materialien nach Produktgruppen aufgeführt.

Leinen
- Leinen, gebleicht, 1,40 m breit, 12-fädig, Art.-Nr. 319-113W
- Leinen, ungebleicht, 1,40 m breit, 12-fädig, Art.-Nr. 319-113N
- Leinen, ungebleicht, 1,85 cm breit, 12-fädig, Art.-Nr. 319-1626N
- Leinenband, gebleicht, 5 cm breit, 11-fädig, Art.-Nr. 305-900-50
- Leinenband, gebleicht, 20 cm breit, 11-fädig, Art.-Nr. 305-900-200
- Leinenband, gebleicht, 26 cm breit, 11-fädig, Art.-Nr. 305-900-260
- Leinenband, ungebleicht, 4 cm breit, 11-fädig, Art.-Nr. 305-901-40
- Leinenband, ungebleicht, 5 cm breit, 11-fädig, Art.-Nr. 305-901-50
- Leinenband, ungebleicht, 24 cm breit, 11-fädig, Art.-Nr. 305-901-240
- Leinenband, hellblau, 12 cm breit, 11-fädig, Art.-Nr. 305-212-120
- Leinenband, rosa, 20 cm breit, 11-fädig, Art.-Nr. 305-211-200
- Leinenband, weiß-rosa-kariert, 20 cm breit, 11-fädig, Art.-Nr. 305-3035-200-211
- Leinenband, gebleicht mit roter Kordelkante, 24 cm breit, 11-fädig, Art.-Nr. 305-900-240-230
- Leinenband, ungebleicht mit roter Kordelkante, 20 cm breit, 11-fädig, Art.-Nr. 305-901-200-230
- Leinenband, ungebleicht mit roter Kordelkante, 30 cm breit, 11-fädig, Art.-Nr. 305-901-300-230
- Druck-Leinenband „Lebkuchenpaar", Rapport 31,5 cm, 24 cm breit, 11-fädig, Art.-Nr. 305-5154-240
- Druck-Leinenband „Sommermädchen", weiß, Rapport 31,5 cm, 16 cm breit, 11-fädig, Art.-Nr. 305-5068WE16

Seide
- Wildseide, rot, 1,35 m breit, Art.-Nr. 3259-70717-339
- Wildseide, rosa-meliert, 1,35 m breit, Art.-Nr. 3259-70151-1431
- Wildseide, schwarz, 1,35 m breit, Art.-Nr. 3259-70717-299
- Wildseide, grau-meliert, 1,35 m breit, Art.-Nr. 3259-70151-1181
- Wildseide, altrosa, 1,35 m breit, Art.-Nr. 3259-70717-433
- Wildseide, dunkelgrün, 1,35 m breit, Art.-Nr. 3259-70717-564

Baumwollstoff
- Schwarz klein karierter Baumwollstoff, 1,50 m breit, Art.-Nr. 392-W910800
- Schwarz groß karierter Baumwollstoff, 1,50 m breit, Art.-Nr. 392-W910900
- Schwarz geblümter Baumwollstoff, 1,50 m breit, Art.-Nr. 392-10507234
- Rot klein gepunkteter Baumwollstoff, 1,50 m breit, Art.-Nr. 392-1050032
- Rot groß gepunkteter Baumwollstoff, 1,50 m breit, Art.-Nr. 392-10506129
- Rot geblümter Baumwollstoff, 1,50 m breit, Art.-Nr. 392-10507062
- Rosa karierter Baumwollstoff, 1,50 m breit, Art.-Nr. 392-W963600
- Rot karierter Baumwollstoff, 1,50 m breit, Art.-Nr. 392-40400
- Grün karierter Baumwollstoff, 1,50 m breit, Art.-Nr. 392-W963500
- Grün gestreifter Baumwollstoff, 1,50 m breit, Art.-Nr. 392-W984950
- Blau karierter Baumwollstoff, 1,50 m breit, Art.-Nr. 392-P347800
- Braun karierter Baumwollstoff, 1,50 m breit, Art.-Nr. 392-W908500
- Rot kariertes Schrägband, Art.-Nr. 392-1973404
- Schwarzes Schrägband, Art.-Nr. 392-1973086

Samt
- Samt, rot, 100 % Baumwolle, 1,50 m breit, Art.-Nr. 3259-053094-637
- Samt, dunkelrot, 100 % Baumwolle, 1,50 m breit, Art.-Nr. 3259-053094-937
- Samt, schwarz, 100% Baumwolle, 1,50 m breit, Art.-Nr. 3259-053094-299

Wollstoff
- Wollstoff, wollweiß, 100% gekochte Wolle, 1,35 m breit, Art.-Nr. 3259-70749-010
- Wollstoff, rot, 100 % gekochte Wolle, 1,35 m breit, Art.-Nr. 3259-70749-638
- Wollstoff, hellgrün, 100 % gekochte Wolle, 1,35 m breit, Art.-Nr. 3259-70749-261
- Wollstoff, nougat, 100 % gekochte Wolle, 1,35 m breit, Art.-Nr. 3259-70749-675
- Wollstoff, braun, 100 % gekochte Wolle, 1,35 m breit, Art.-Nr. 3259-70749-179

Vliese - Einlagen
- Schabrackenvlies zum Aufbügeln, 45 cm breit, Art.-Nr. 3255-102
- Festes Schabrackenvlies zum Aufbügeln, 30 cm breit, Art.-Nr. 3255-103
- Vliesline zum Aufbügeln, 90 cm breit, Art.-Nr. 3255-106
- Vliesofix zum Aufbügeln für Applikationen, 90 cm breit, Art.-Nr. 3255-104
- Volumenvlies zum Aufbügeln, 90 cm breit, Art.-Nr. 3255-101
- Volumenvlies, 90 cm breit, Art.-Nr. 3255-100
- Rasterquick, Dreieck, 90 cm breit, Art.-Nr. 3255-105
- Füllwatte, 250 g Beutel, 100 % Polyester, Art.-Nr. 6225-3315100

Bänder – Borten - Kordel

- Schmuckwebband, „Mein Engel", rosa-rot, 1 cm breit, Art.-Nr. 35049-02
- Schmuckwebband, „Mein Engel", weiß-rosa, 1 cm breit, Art.-Nr. 35049-04
- Schmuckwebband, „Beerenranke", rosa-rot, 1 cm breit, Art.-Nr. 35034-02
- Schmuckwebband, „Schwedenkinder", rosa-rot, 3 cm breit, Art.-Nr. 35058
- Schmuckwebband „Weihnachtspäckchen" gelb, 2 cm breit, Art.-Nr. 35051
- Schmuckwebband „Adventshaus & Mistelranke", 5 cm breit, Art.-Nr. 35045
- Samtband, bordeaux, 10 mm breit, Art.-Nr. 6257-919775
- Samtband, schwarz, 10 mm breit, Art.-Nr. 6257-919700
- Samtband, rot, 10 mm breit, Art.-Nr. 6257-919771
- Samtband, bordeaux, 20 mm breit, Art.-Nr. 6257-919975
- Samtband, schwarz, 20 mm breit, Art.-Nr. 6257-9199700
- Samtband, rot, 20 mm breit, Art.-Nr. 6257-919971
- Samt-Einfassband, rot, 12 mm breit, Art.-Nr. 6158-50063-01
- Samt-Einfassband, schwarz, 12 mm breit, Art.-Nr. 6158-50063-02
- Kordel, rot-weiß, 25 m-Karte, Art.-Nr. 6192-293004
- Kordel, rot, 2 mm breit, Art.-Nr. 6360-6266169
- Kordel, schwarz, 2 mm breit, Art.-Nr. 6360-6266614
- Kordel für Taschenbügel, weiß, 5 mm, Art.-Nr. 305-10026-900
- Posamentenborte, rot, 9 mm breit, Art.-Nr. 6360-6395155
- Posamentenborte, bordeaux, 9 mm breit, Art.-Nr. 6360-6395180
- Posamentenborte, schwarz, 9 mm breit, Art.-Nr. 6257-918324
- Kleine Bommelborte, schwarz Art.-Nr. 6158-50415
- Große Bommelborte, schwarz, Art.-Nr. 6158-50414
- Spitzenborte, schwarz, Art.-Nr. 6192-465026
- Rüschenborte, rot, Art.-Nr. 6158-50302-ROT
- Rüschenborte, schwarz, Art.-Nr. 6158-50302-SCHWARZ
- Tüllrosenband, schwarz, 5 cm breit, Art.-Nr. 6158-50259
- Tüllrosenband, schwarz, 6 cm breit, Art.-Nr. 6158-50343
- Zackenlitze, weiß, Art.-Nr. 6257-918110
- Karoband, rot-weiß, 5 mm breit, Art.-Nr. 6360-6334644
- Karoband, rot-weiß, 15 mm breit, Art.-Nr. 6360-6382303
- Satinband, blau gepunktet, 15 mm, Art.-Nr. 6360-6339056
- Satinband, grün gepunktet, 15 mm, Art.-Nr. 6360-6339057
- Satinband, rot gepunktet, 15 mm breit, Art.-Nr. 6360-6339054
- Satinband, weiß, 3 mm breit, Art.-Nr. 305-22355-03-405
- Satinband, rot, 3 mm breit, Art.-Nr. 305-22355-03-25
- Satinband, elfenbeinfarben, 3 mm, Art.-Nr. 305-22355-03-23
- Satinband, hellblau, 3 mm breit, Art.-Nr. 305-22355-03-83
- Satinband, hellrosa, 6 mm breit, Art.-Nr. 305-22355-06-04
- Satinband, hellrosa, 16 mm breit, Art.-Nr. 305-22355-016-04
- Satinband, hellrosa, 25 mm breit, Art.-Nr. 305-22355-025-04
- Satinband, hellrosa, 40 mm breit, Art.-Nr. 305-22355-040-04
- Satinband, rosa, 40 mm breit, Art.-Nr. 305-22355-040-57
- Satinband, dunkelpink, 3 mm breit, Art.-Nr. 305-22355-03-41
- Satinband, dunkelpink, 25 mm breit, Art.-Nr. 305-22355-025-41
- Satinband, dunkelpink, 40 mm breit, Art.-Nr. 305-22355-040-41
- Klettband, 2 cm, Art.-Nr. 6257-968655

Perlen – Knöpfe - Accessoires

- Satinrose, hellrosa, klein, 10 Stück, Art.-Nr. 6359-616443-117
- Satinrose, hellrosa, groß, 5 Stück, Art.-Nr. 6359-616435-117
- Satinrose, rosa, klein, 10 Stück, Art.-Nr. 6359-616443-149
- Satinrose, rosa, groß, 5 Stück, Art.-Nr. 6359-616435-149
- Satinrose, altrosa, klein, 10 Stück, Art.-Nr. 6359-616443-168
- Satinrose, altrosa, groß, 5 Stück, Art.-Nr. 6359-616435-168
- Satinrose, rot, klein, 10 Stück, Art.-Nr. 6359-616443-250
- Satinrose, rot, groß, 5 Stück, Art.-Nr. 6359-616435-250
- Satinrose, blau, klein, 10 Stück, Art.-Nr. 6359-616443-338
- Satinrose, blau, groß, 5 Stück, Art.-Nr. 6359-616443-338
- Swarovski-Kristallschliffperlen, kristallfarben, 4 mm, 25 Stück, Art.-Nr. 6360-2207700
- Swarovski-Kristallschliffperlen, rosa, 4 mm, 25 Stück, Art.-Nr. 6360-2207722
- Swarovski-Kristallschliffperlen, rot, 4 mm, 25 Stück, Art.-Nr. 6360-22007717
- Swarovski-Kristallschliffperlen, rot, Tropfen, 10 mm, Art.-Nr. 6359-614432-4295
- Swarovski-Kristallschliffperlen, grün, 4 mm, Art.-Nr. 6359-603830-8430
- Swarovski-Kristallschliffblüten, kristallfarben, 8 mm, 6 Stück, Art.-Nr. 6360-2210708
- Swarovski-Kristallschliffherzen, kristallfarben, 10 mm, 6 Stück, Art.-Nr. 6360-2210703
- Swarovski-Kristallschliffherzen, kristallfarben, 14 mm, 3 Stück, Art.-Nr. 6360-2210704
- Glaswachsperlen, weiß, 4 mm, 100 Stück, Art.-Nr. 6225-14400-102
- Glaswachsperlen, weiß, 6 mm, 55 Stück, Art.-Nr. 6225-14401-102
- Glaswachsperlen, rosa, 6 mm, 100 Stück, Art.-Nr. 6359-773891-4941
- Miniperlen, rot, 2 mm, 12 g, Art.-Nr. 6359-603856-4295

- Miniperlen, schwarz, 2 mm, 12 g, Art.-Nr. 6359-773875
- Fassettenkugeln, rosa, 3 Stück, 14 mm, Art.-Nr. 6359-614491- 4210
- Knopf, Fliegenpilz, Art.-Nr. 6158-11351-02
- Knopf, Steinpilz, Art.-Nr. 6158-11351-01
- Knopf, Schweinchen, Art.-Nr. 6158-11150-01
- Knopf, Igel, Art.-Nr. 6158-11304
- Schnitzknopf, Hirsch, weiß, 35 mm, Art.-Nr. 6158-11617-01
- Schnitzknopf, Hirsch, schwarz, 35 mm, Art.-Nr.6158-11617-02
- Schnitzknopf, Blüte, schwarz, 40 mm, Art.-Nr. 6158-11660
- Schnitzknopf, Rechteck, weiß, 35 mm, Art.-Nr. 6158-11658-01
- Schnitzknopf, Rechteck, schwarz, 35 mm, Art.-Nr. 6158-11659-01
- Schnitzknopf, Kreis, schwarz, 35 mm, Art.-Nr. 6158-11661-01
- Schnitzknopf, Ornament, weiß, 30 mm, Art.-Nr. 6158-11418
- Metallherzen, 2 große und 2 kleine, rot, Art.-Nr. 6360-8021390
- Blätterknopf, schwarz, Kunststoff, Art.-Nr. 6158-11931
- Kristallglasknopf, Metallfassung, Art.-Nr. 6158-11934
- Filzherz, schwarz, 3,5 x 4 cm, Art.-Nr. 6158-11845-01
- Filzherz, weiß, 3,5 x 4 cm, Art.-Nr. 6158-11845-02
- Filzherz, rosa, 3,5 x 4 cm, Art.-Nr. 6158-11845-03
- Filzkugel, rosa, 1,5 cm, Art.-Nr. 6158-11811-01
- Metallanhänger, Rose, Kreuz, Herz, Art.-Nr. 6360-683833
- Rosenschließe, 14 mm, nickelfrei, Art.-Nr. 6360-2364103
- Perlenanhänger, schwarz, Art.-Nr. 6158-80250
- Magnetverschluss, 14 mm, antik-gold, Art.-Nr. 6257-6240
- Ringfassung, Sieb, 20 mm, größenverstellbar, Art.-Nr. 6360-2371600
- Broschenfassung, Sieb, 25 mm, Art.-Nr. 6360-2371610
- Ohrringfassung, Sieb, 1 Paar mit Klipsen, Art.-Nr. 6360-2371620
- Hakenverschluss, silberfarben, 2-tcilig, Art.-Nr. 6360-667552
- Broschennadel, 25 mm, Art.-Nr. 6359-2362 252
- Nietstifte, 40 mm, silbern, 20 Stück, Art.-Nr. 6359-683035
- Kettelstifte, 54 mm, silbern, 20 Stück, Art.-Nr. 6359-683000
- Plusterfarbe, weiß, 40 ml, Art.-Nr. 6360-9106006
- Plusterfarbe, rot, 40 ml, Art.-Nr. 6360-9106154
- Plusterfarbe, grün, 40 ml, Art.-Nr. 6360-9106464
- Plusterfarbe, schwarz, 40 ml, Art.-Nr. 6360-9106618
- Wasserlöslicher Stift, Art.-Nr. 6257-516
- Textilkleber, 30 g, Art.-Nr. 6257-715450
- Kreisschablone, 45 mm, Art.-Nr. 6257-8701

Weihnachtskugeln
- Radieschen, weiß-rot, Glas, 3-teilig, Art.-Nr. 6361-5012/3
- Herzen mit Blüten, 5 cm, Glas, 6-teilig, Art.-Nr. 6361-3705316-1
- Lebkuchenherz „I mog di", blau, 10 x 10 cm, Glas, Art.-Nr. 6361-37501/1
- Lebkuchenherz „Spatzl", grün, 10 x 10 cm, Glas, Art.-Nr. 6361-37501/9
- Lebkuchenherz „Frohe Weihnacht", rot, 10 x 10 cm, Art.-Nr. 6361-37501/5
- Zuckerbäckerin, Glas, 15 cm hoch, Art.-Nr. 6361-33116/1
- Törtchen mit Kirsche, Glas, 4,5 cm, Art.-Nr. 6361-37424
- Zapfen, gedreht, samtweiß, Glas, 15 cm, Art.-Nr. 6361-501503-330
- Zapfen, gedreht, rot matt, Glas, 20 cm lang, Art.-Nr. 6361-502003-31
- Tannenzapfen, weiß matt, Glas, 7 cm, Art.-Nr. 6361-3645-030
- Rose, altrosa matt, Glas, 7 cm, Art.-Nr. 6361-37121/13
- Rose, rot matt, Glas, 7 cm, Art.-Nr. 6361-37121/3
- Kugel, rot-weiß matt, Glas, 8 cm, Art.-Nr. 6361-1008239
- Kugel, rot mit weißen Punkten glänzend, Glas, 8 cm, Art.-Nr. 6361-1008878-1
- Herz, rot mit weißen Punkten glänzend, Glas, 10 cm, Art.-Nr. 6361-3710878-1
- Vogel mit Clip, weiß mit roten Flügeln, Glas, 12,5 cm lang, Art.-Nr. 6361-4622/3
- Vogel mit Clip, rot matt, Glas, 12,5 cm lang, Art.-Nr. 6361-4602-31
- Vogel mit Clip, silbern, Glas, 11,5 cm lang, Art.-Nr. 6361-4609/3
- Vogel mit Clip, weiß mit roten Flügeln, Glas, 7,5 cm lang, Art. Nr. 6361-4611-030ROT
- Doppelpilz, matt, 7 cm, Glas, Art.-Nr. 6361-37154/1
- Fliegenpilz mit Clip, Glas, 8 cm hoch, Art.-Nr. 6361-37159/C
- Fliegenpilz mit Clip, Glas, 10 cm hoch, Art.-Nr. 6361-37158/C
- Fliegenpilz mit Stecker, Glas, 8 cm hoch, Art.-Nr. 6361-37159
- Fliegenpilz mit Stecker, Glas, 10 cm hoch, Art.-Nr. 6361-37158

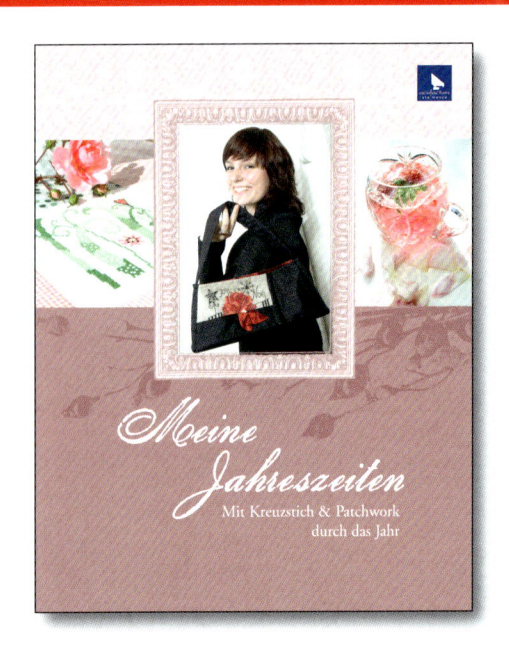

Einfach schön - Stickbücher von acufactum

Meine Jahreszeiten

Dieses Buch begleitet Sie durch das ganze Jahr. Passend zu jeder Jahreszeit zeigen wir Ihnen wunderschöne Stickereien, liebevoll zusammengestellte Patchworkkreationen und ideenreiche florale Dekorationen für ein schönes Zuhause. Mit anschaulichen Anleitungen lassen sich diese Anregungen einfach nacharbeiten.

Ob ein gestickter Tischläufer für den Ostertisch, eine genähte Sommertasche zum Shoppen mit der Freundin oder besinnliche Weihnachtsstunden mit handgenähtem Engel und gepatchten Kuschelkissen. „Meine Jahreszeiten" macht das Jahr einfach schöner.

Format 21,5 x 27 cm, 176 Seiten,
Art.-Nr. 4090 • ISBN 978-3-9811455-6-4

Einfach schön - Stickbücher von acufactum

Gartenpoesie

Mit unserem Buch "Gartenpoesie" möchten wir Sie in einen traumhaften gestickten Garten einladen. Die Blüten und Früchte aus diesem Buch sind historischen Malereien nachempfunden. Gestickt wird auf einer ausgefallenen Druckband-Kollektion. Verträumte Gedichte, kleine Engel und barocke Rahmen sind die Begleiter von Tulpe, Rose, Erdbeeren & Co. Die Kombination von Leinen, Wildseide und feinen Schmuckwebbändern lässt kleine Kunstwerke entstehen.

72 Seiten, Format 21 x 29,7 cm, gebunden
Art.Nr. 4094
ISBN 978-3-940193-01-8

Passepartout-Kalender „Meine Jahreszeiten" zum Selbstgestalten

Hier sehen Sie zwei Stickereien aus dem Buch „Meine Jahreszeiten", die wunderbar in diesen Kalender passen.

Fotos, Stickereien, Patchwork, Papiercollagen, Filzarbeiten...
Der Passepartout-Kalender verleiht Ihrer Kreativität den passenden Rahmen!
Mit Texten von Arndt H. Menze und Paul Gerhardt.

Porzellanserie „Lovely Rose"

1 Becher „Drei Rosen", 0,33 l, Art.-Nr. 7-12875
2 Becher „Rosengruß", 0,33 l, Art.-Nr. 7-12876
3 Becher „Rosentopf", 0,33 l, Art.-Nr. 7-12877
4 Becher „Rosentasche", 0,33 l, Art.-Nr. 7-12878
5 Becher „Rose mit Herz", 0,33 l, Art.-Nr. 7-12879
6 Becher „Rosenherz mit Brief", 0,33 l, Art.-Nr. 7-12880
7 Becher „Herzen", 0,33 l, Art.-Nr. 7-12883
8 Becher „Zum Geburtstag", 0,33 l, Art.-Nr. 7-12881
   Dessertteller „Zum Geburtstag", 21 cm, Art.-Nr. 7-14272
9 Becher „Für Dich", 0,33 l, Art.-Nr. 7-12882
   Dessertteller „Für Dich", 21 cm, Art.-Nr. 7-14273
10 Obertasse, 0,12 l, Art.-Nr. 7-14220
   Untertasse, Art.-Nr. 7-14221
11 Obertasse, 0,27 l, Art.-Nr. 7-14224
   Untertasse, Art.-Nr. 7-14225
12 Zuckerdose, Art.-Nr. 7-14215
   Milchgießer, 0,2 l, Art.-Nr. 7-14216
13 Platte oval, 24 cm, Art.-Nr. 7-14250
14 Brotteller, 16 cm, Art.-Nr. 7-14260
15 Dessertteller, 21 cm, Art.-Nr. 7-14261
16 Speiseteller, 27 cm, Art.-Nr. 7-14262
17 Suppenteller, 22 cm, Art.-Nr. 7-14265
18 Platzteller, 31 cm, Art.-Nr. 7-14263
19 Suppenobertasse, Art.-Nr. 7-14270
   Suppenuntertasse, Art.-Nr. 7-14271
20 Sauciere, Art.-Nr. 7-14247
21 Müslischale, 12,5 cm, Art.-Nr. 7-14240
   Schale, 17 cm, Art.-Nr. 7-14241
22 Teekanne, 1,2 l, Art.-Nr. 7-14206
   Stövchen, Art.-Nr. 7-14211
23 Kaffeekanne, 1,4 l, Art.-Nr. 7-14202
24 Krug, 1,3 l, Art.-Nr. 7-14285
25 Terrine, Art.-Nr. 7-14246
26 Eierbecher, Art.-Nr. 7-14280
27 Pefferstreuer, Art.-Nr. 7-14282
   Salzstreuer, Art.-Nr. 7-14281
   Essigflasche, Art.-Nr. 7-14284
   Ölflasche, Art.-Nr. 7-14283

Vaupel & Heilenbeck

- Original Leinen- und Baumwollstickbänder in vielen Breiten und Mustern, dazu passend Quasten und Kordeln.
- Original deutsches Baumwollgarn in über 200 schönen Farben, die ständig erweitert werden.
- Druck-Leinenbänder in vielen schönen Motiven und Farbvariationen.

Vaupel & Heilenbeck GmbH & Co. KG
Postfach 201913 • 42219 Wuppertal

Weberei Weddigen
BIELEFELDER LEINEN

Unsere qualitativ hochwertigen Handarbeits-Meterwaren für alle Sticktechniken finden Sie im qualifizierten Fachhandel.

Postfach 3042
32020 Herford/Westfalen
Tel. 0 52 21/5 00 10
Fax 0 52 21/5 00 21

IM BILDE

Ihr kreativer Partner

... für Rahmen und Passepartout

Im Bilde • Michael Steinacker
Auf dem Niedern Bruch 4
57399 Kirchhundem-Würdinghausen
Tel. 0 27 23-68 87 22 • Fax 0 27 23-71 67 52
E-Mail: imbilde@t-online.de
Internet: www.imbilde-rahmen.de

Wir sagen herzlichen Dank!

Danke- unserem gesamten acufactum-team für ein fröhliches und engagiertes Miteinander.

Danke- an Julia Fissenebert und Gertrud Stähler, die in vielen Stunden unsere Modelle genäht haben.

Danke- an Sabrina Casarini und Christa Heese, die mit wunderschönen, floralen Dekorationen wahre Hüttenzauber-Atmosphäre kreiert haben.

Danke- an Heike Rohner, die mit viel Liebe zum Detail in Gestaltung, Layout und Bildbearbeitung sehr zum Gelingen dieses Buches beigetragen hat.

Danke- an unsere Stickerinnen, die uns immer wieder in Erstaunen setzen, wie schnell und akkurat sie unseren Entwürfen Leben einhauchen: Christa Brutty, Sigrid Immelt, Monika Lenninghaus, Brigitte Niemeyer, Hannelore Schippany, Irmgard Schümann und Irene Siebrecht.

Danke- an Ariane Gehlert unsere Fotografin. Die Zusammenarbeit war wie immer supertoll!

Danke- an unsere tollen Fotomodelle Katja Böttcher, Lennart Böttcher, Lina Casarini, Julia Fissenebert, Jasper Förster, Laura Hellweg und Peter Steller. Ein besonderer Dank auch noch an Peter Steller, der uns als Retter in der Not beim Computerabsturz seinen Laptop gebracht hat.

Danke- an Rudolf Frohmüller- „unseren starken Mann". Was machten wir nur ohne ihn!

Danke- an Julias Mutter, Irmgard Kesper, die uns mit ihrer ausgefallenen Trachtenmode aus ihrem Geschäft „Alpenrose" in Willingen zu schönen Fotoszenen inspiriert hat. Vielen Dank auch für die Extrafahrt, um das Dirndl von Seite 38 zu uns zu bringen.

Danke- an Nadja Knab-Leers, die aus unseren Accessoires und Stickereien bezaubernde Schmuckstücke und Kropfbänder gearbeitet hat. Diese schönen Hingucker bereichern dieses Buch sehr!

Danke- an die Journalistin Nicole Jankowski, die unsere Vorstellung vom Hüttenzauber in so schöne Worte gefasst hat.

Danke- an Familie Linneweber, die uns ihre Hütte am Wald so freundlich und spontan zur Verfügung gestellt hat.

Danke- an Franz-Josef Knipschild, der uns das leckere Hefegebäck, sowie Brote und Brötchen für die Brotzeit gebacken hat.

Danke- an Ursula Stöter, die uns die köstlichen Plätzchen und Kuchen gebacken hat.

Danke- an die Berchtesgadener Land Tourismus GmbH zur freundlichen Bereitstellung vieler schöner Landschaftsaufnahmen.

Danke- an unsere lieben Ehemänner Adolf-Hermann und Frank, für nicht nachlassende Unterstützung bei allen unseren Vorhaben. Wir lieben Euch!

Wir danken Gott, unserm Herrn, dass er unsere Arbeit segnet und uns täglich Kraft und Kreativität schenkt.

Ute Menze & Meike Menze-Stöter